関係する女 所有する男

斎藤 環

はじめに

男性と女性は「同じ」なのか、それとも「違う」のか。この議論は古今の学者を悩ませ続けてきた難問だ。違うと言えばこれほど対照的な存在も珍しい。ある意味、両極端の存在と言ってもいい。

しかしもちろん、「人間」という点では「同じ」である。というか「同じもの」として扱わなくてはならない。性差については、常にこうしたダブルスタンダードにも似た発想がついてまわる。

とはいえ現時点での、しごく穏便《おんびん》な結論を記しておけば、「事実上は異なるが権利上は同じ」ということになるだろうか。このような言い回しならば、それほど強く反発されることもないだろう。これはもちろん、哲学者インマヌエル・カントの口真似であり、ある種パロディ的な表現でもある。

本書のテーマは男女の差異である。それもセックス（生物学的な性差）ではなくジェンダー（社会・文化的な性差）のほうの。

男と女の最大の違いは、「所有」と「関係」の違いである。所有を追求する男と、関係を欲する女。これが本書の基本的主張であり、いわばアルファにしてオメガである。僕のジェンダー理解は、こうした差異を踏まえたうえでのものだ。本書では、この視点からジェンダーが繰り返し検証され、分析されることになる。

ジェンダーについて書こうとすると、しばしば語り口の問題だけが注目されがちで、それはいささか残念なことだ。実をいうと僕は、本書の隠しテーマとして「現代において精神分析は有効か」という問いを考えている。つまり、本書での僕の結論がそれなりに支持されうるものであるなら、それは「精神分析」の正当性をも証《あか》すものになるだろう。終章でもふれるように、「所有」と「関係」の差異という発想は、精神分析的なジェンダー理解によって、はじめて可能になるものだからだ。

繰り返しになるが、ジェンダーとしての男女の差異は、事実としては存在するが、権利としては存在しない。女と男は違っている。当たり前だ。しかし、この差異は「男らしさ」「女らしさ」という表現において、しばしばループする。現実から理念が生まれ、理念がふたたび現実を作る。そういう「ループ」だ。

こうした「ループ」の起源は、そのまま僕たちの生きる現場でもある。「現場」とは、まず家庭であり、子育てであり、ついで教育であり、世間でもある。しかし果たして「女は女らしく、男は男らしく」という教育方針は、現代においてどれほどの価値を持っているのだろうか？

なるほど、幼い子供をみていても、男女の差は生まれながらに存在するとしか思えないことがある。小さい頃から男の子は乱暴で、女の子はどこかしぐさが優しい。好みだって全然違う。「女の子は赤やピンクが好き、人形やお菓子が好き」「男の子は黒や青が好き、ロボットやモデルガンが好き」といった程度の違いは、たしかに事実としては数多く存在するだろう。やがて彼らが思春期を迎える頃には、こうした差はいっそう顕著になっていく。

しかし、「数多く存在すること」が既成事実みたいに一般化されすぎると、ジェンダー教育は「女の子なんだからピンクにしなさい」といった「押しつけ」に変わってしまう。ジェンダーを論ずるさいの困難もまた、この点にきわまるだろう。

「このようにあること」が「このようにあるべきこと」に変わること。こんなふうに、事実としての違いに過ぎないものが、制度の次元に容易に飛び火してしまうのは、なんといっても男女差にかかわる議論をおいてほかにない。フェミニズムをめぐる議論が、しばしば混乱に結びつくのは、まさにこの領域においてではないか。

本書を読まれる方のために、僕の立場をはっきりさせておこう。

先にも述べたとおり、僕は「精神分析」の立場にこだわっている。言い換えるなら、これは「生物学」や「イデオロギー」とは、常に一定の距離を維持する、ということでもある（関わりを持たない、という意味ではない）。

それゆえ、僕がここで述べる男女差とは、あくまでもジェンダーをめぐる差異ということになる。ジェンダー、すなわち社会・文化的性差に関する指摘である。言い換えるなら、セックス、すなわち生物学的性差については、さしあたり問題にしない。

僕は医師でありながら、ジェンダーを生物学的に根拠づける努力にはさしたる意義を感じない。たとえば人種間の知能指数を比較することがまったく無意味であるのと同様に、知能の男女比較をすることも意味がない。

それが存在することがわかったとして、じゃあどうしたらいいの？　という素朴な問いに、これらの研究は答えることができない。そんなヒマがあるのなら、勝ち組と負け組の知能差とか、おたくとヤンキーの血中テストステロンの濃度の差とかを調べてみればいい。そのほうがまだ「ネタ」としては面白い。

加えて僕は、少なくとも脳レベルの性差にはあんまり関心がない。例の、脳梁《のうりょう》が太いの細いのとか、セロトニンの量がどうの、といった議論にどれだけの価値があるのか、はなはだ疑問である。このような「器質的性差」についての大衆向けの解説本（話を聞かないとか地図が読めないとか、云々）は数多いが、僕はその大半が眉唾《まゆつば》ものだと考えている。性差を生物学的に論じた本が、いわゆる「トンデモ」になりやすい理由については、第二章で少々検討してみた。

遺伝子や脳のレベルでの差異と、その個人を同じ人間として平等に取り扱うかどうかは、まったく関係のない話だ。「人間」を器質的に基礎づけようという発想は、優生思想やファシズム以上に、根源的な「悪」につながってしまうと僕は考える。だから本書での僕の主張は、仮に将来、男女の脳や遺伝子に決定的な差が発見される（されないと思うが）としても、ほとんど変わらないだろう。

実は「所有」と「関係」の違いを持ち出したのも、単純素朴な脳への還元を予防するためだ。これらの概念には抽象的レベルと具象的レベルが複合的に混在しているため、脳の解剖や機能のみに還元することがほとんど意味を持たない。

僕はジェンダーというものが、家庭や社会の中で、まさにその差異を再生産するような形で、いわば再帰的に構成されるものと考えている。ただしそれは、制度や法律によって強制されたものではない。それは「ヘテロセクシズム」（異性愛主義）という、およそ考え得る限りもっとも古く、それゆえ最強の「イデオロギー」に基盤を置いているからだ。この世界で生きていく限り、いつの時代のどこの国に生まれ落ちようとも、われわれはヘテロセクシズムから逃れることはできない。

それでは、なぜ、かくも「ヘテロ」が強力なのか？　言うまでもなく、ヘテロセクシズムのみが、人間の「繁殖」を可能にするからだ。加えて精神分析的に考えるなら、それは何よりも、僕たちにとっての「欲望の原因」にほかならないからだ。

おそらく同性愛すらも、ヘテロセクシズムにその起源を置いている。ならば「敵」は、ヘテロセクシズムということになるのだろうか？　その答えは、イエスでありノーでもある。これはけっして、一筋縄ではいかない問題だ。性愛なしでは、僕たちはいかなる「欲望」をも持つことができない。欲望なしで、いったいどんな「価値」が可能だろうか？　いやそれ以前に、欲望抜きで僕たちは生きられるのか？

いまさらフロイトの汎性説かよ、と笑われるかもしれないが、さすがに僕もそこまでベタな議論を展開するつもりはない。なにもかもが性に関連づけられるわけではないし、性欲がすべてと言いたいわけでもむろんない。僕はただ、「性愛」こそが、すべての欲望の根源である、と主張したいだけなのだ。欲望をもたらすのは常に「差異」であり、性差こそは、僕たちが人生で最初に経験する、もっとも重要な「差異」にほかならない。

しかし繰り返すが、そのような差異は、ありうるとしても、心的組織にしか、つまり

「こころ」にしか基礎を持つことができない。ジェンダーを身体や脳のみによって語ることはできない。これは医学的根拠がどうのという話ではなく、むしろ倫理的な要請である。いかなる価値も規範も、留保なしに生物学的性差と関連づけられるべきではない。ただ、ジェンダーの違いを理解しておいたほうがそれぞれのジェンダーにとっての利益が最大になる場合にのみ、ジェンダーは語られるべきなのだ。

その意味で、僕の議論は、いわゆる「ジェンダー・フリー」よりも「ジェンダー・センシティブ」と呼ばれる議論に近いものがあるだろう。ジェンダー・フリーの議論は、しばしば男女を強迫的なまでに対等に扱おうとする思想として批判されやすい。具体的には、「中学生男女の同室着替え」などの事例だ。

もちろんそうした処遇は、「男女平等」とか以前に、単にモラルとして間違っている。なぜなら同室着替えでは、女子だけが一方的に不利益を被《こうむ》るからだ。同じ意味で、フェミニズムを揶揄《やゆ》したつもりの議論が陥りがちな「男女平等っていうのなら、トイレも浴場も一緒にしろ」という論理も、単に幼稚で短絡的だ。

ジェンダーを考えることに意味があるとすれば、それはまずなによりも、ジェンダーゆえの不利益を最小限にするためである。

ジェンダーの違いが存在するという現実を、無理に否定してもはじまらない。それは事実として存在するし、たまたま存在するというわけでもない。ジェンダーとは、人間の「心的組織」が構成されるに際して、なかば構造的必然として生ずるほかはないものだ。少なくとも、精神分析はそう主張するし、僕はその主張を、僕の悟性に従って信じている。悟性と言うからには、経験や事実としての根拠に基づくことなく、ただ「どのように考えても、そうであるほかはない」と判断している、というほどの意味である。

　繰り返そう。事実としてのジェンダーは存在する。しかし、ジェンダーは、けっして規範化されるべきではないし、何らかの基準や参照枠とされることもできれば避けたい。ならば、何のためにジェンダーの差異を語るのか？　その差異を語ることに、どんな意味があるというのだろうか？

　ジェンダーの起源としてもっとも強力なシステムは、さきほどもふれたヘテロセクシズムであると僕は考えている。ヘテロセクシズムの巧妙さは、そこにほとんど強制がない、という点にきわまる。人は常に、自ら進んでその存在に気づき経験から学習していく形で、そのシステムに参入させられている。それゆえ、（あくまで比喩的に言えば）気がついたら自分から進んでそのシステムに荷担《かたん》していた、などという事態も起こりうる。

　本書での僕の目論見《もくろみ》のひとつは、ヘテロセクシズムの勢力地図を、可能な限り具体的に記しておくことだ。その検証の過程において、いかに多くの制度や常識が、ヘテロセクシズムの専制下にあるかがわかってくるはずだ。ならば、何のためにそれを理解するのか？ヘテロセクシズムの罠《わな》にはまらないためだ。

「ジェンダー」は制度から個人の身体に至るまで、いたるところに浸透している。「そんなのカンケーない」とか言って油断していると、思いがけない場所でふいうちを喰わされる。それが「性」というものだ。性は人を傷つける。ふいうちを喰った人間は、びっくりして、下手をするとジェンダーをリアルすぎるものとして受け取ってしまいかねない。そういう「ジェンダーの陥穽《かんせい》」にはまって、戸惑ったり焦ったりしないためにも、基本的なマップは持っているほうがいい。知ったうえで飛び込むのと、知らずに飛び込むのとではわけが違う。

繰り返し確認しておくが、僕は、人間がヘテロセクシズムから逃げることができるとは思っていない。僕自身が、自分自身にインストールされたジェンダーソフトを日々利用し、そのために悩んだり楽しんだりしているという現実を否定できないからだ。おそらく誰にとってもそうだろう。

欲望に傷つけられまいとして否定を重ねていくと、人は簡単にシニシズム（冷笑主義）に陥ってしまう。シニシズムは防衛としては強力だが、自分の欲望すらも否定してしまうので、しばしば間違った悟りのような境地を作り出してしまう。いわば仙人的シニシズムだ。

この種のシニシズムの問題は、「自分は欲望を否定することで完全に幻想を免れている」という、別の幻想（＝ナルシシズム）に依存しすぎてしまうことだ。要するにこれは、否認、すなわち「酸っぱいブドウ」の極《き》めつけなのだ。極端なジェンダー否定の果てには、こうしたシニシズムの罠が待っている。

しかし、ならば性こそがすべて、というベタな極端化も困る。これがゆきすぎれば、あの「全裸セックス教団」として一部で有名な「ザイン」とか、誰とでも性交渉をしなければならない「愛の家族」のようなカルト化に陥ってしまう。この種のカルト化もまた、ジェンダー否認の別の極にほかならない。

ジェンダーの取り扱いが難しいのは、それが僕たちの欲望と存在の根源にあるからだ。だからこそざかしい理屈だけでわかった気になるべきではない。ジェンダーの存在と闘うのではなく、ジェンダーから逃走するのでもなく、自らのジェンダーをクールに利用する態度。カルト化とシニシズムの中間地点で、ほどよい葛藤を可能にすること。本書はそのような処方箋《しょほうせん》を目指して書かれた。

ところで、「フェミニズム」との関係をどうするのか。これはこれで、けっこう難しい問題だ。フェミニズムにも、ジェンダーを認めるか否か、という議論はある。この点について、僕はあくまでも、ジェンダーの差異を十分に理解したうえで、権利の平等性を主張する立場を貫こうと考えている。そのさいのひとつの参照枠が、先にもふれた「ジェンダー・センシティブ」の考え方だ。

あらゆる個人が、ジェンダーゆえの不利益を一方的に被《こうむ》ることがないように制度や規範を調整すること。利益のバランスをとるうえで、平等が望ましい場合もあれば、区分をもうけたほうが良い場合もある。これは当然のことだ。理念に対する忠実さよりも、ここでは常識のほうが高い価値を持つ。

これはジェンダーの問題に限らず、さまざまな領域で尊重されるべき考えだ。最近の例で言えば、「表現の自由」の持つ意味は、イスラム教徒とキリスト教徒ではまったく異なる。キリストの風刺漫画を描かれてもクリスチャンはそれほど傷つかない。しかしムハンマドの風刺漫画を描かれると、イスラム教徒はいたく傷つく。ならば、さしあたり、イスラム教徒に配慮してそうした自由を多少は調整しよう。自由の原理を貫くために、さして出来の良くない風刺漫画までも擁護しようというのは、表向きは正論であっても、どこかに嫌がらせめいた「排除の論理」が潜んではいないだろうか。

繰り返そう。僕は本書で、ジェンダーの構造について積極的に語ろうとはするだろう。しかし、それはけっして、個々人をジェンダーの枠組み（フレーム）の中に強引にはめ込むことが目的ではない。その逆である。個々人が知らず知らずのうちにはまりこんでしまいやすい、ジェンダーというフレームの存在を自覚すること。そのうえで、そのフレームに従うか、そこからはみ出すかは本人の自由だ。いや、そもそも、フレームの認識がなければ、人は自由ではあり得ない。

「自由」というのは、けっして真っ白いカンヴァスにのびのびと筆を走らせるようなイメージとしては実現されない。自由であるためには、それぞれの個人が、「自分がどんなふうに不自由であるか」を十分に自覚しておく必要がある。

道路がなければクルマは自由に走れないように、フレームがなければ人は自由には生きられない。自分が生きているフレームについて何も知らないということは、地図なしで道路を走るようなものだ。本人は自由な気分かもしれないが、知らぬ間にどうどう巡りに陥っていたりする。「好きなようにしなさい」という指示が、しばしば「不自由であれ」という命令にほかならないように。

ジェンダーは僕たちを拘束する、もっとも根源的で強力なフレームのひとつだ。しかしこのフレームは、けっして決定論的にもたらされるものではないし、先天的で不可抗力なものでもない。

本書ではもっとも一般的なジェンダーのありようとして、男女の違いを中心に話を進める。ただしそれは、厳密に言えば、現実的な男女の違いではない。むしろ「イメージとしての男女の違い」が議論の中心にある。

何度も言うように、ジェンダーの領域では、イメージが現実を規定するような事態がしばしば起こる。僕の目論見は、あたかも男女格差本のパロディのような体裁をとりながら、「男女の違い」というイメージを最終的に解体してみせることだ。「所有」と「関係」の仮説は、こうしたイメージの支配から「ジェンダー」概念を切断するための、解体装置として持ち込まれたのだ。

以上のことをまず十分に認識したうえで、僕たちはこれから「ジェンダーのリアリティ」を理解することになるだろう。何のために？　「欲望」と「自由」のために。それは「自由な欲望」であり、「欲望する自由」であり、「欲望からの自由」であり、「自由への欲望」であり、それらすべてを同時に肯定する態度であることは言うまでもない。

目次

第一章　「ジェンダー・センシティブ」とは何か

ジェンダーについて語るということ

この章ではまず、「ジェンダー（Gender）」について考えておきたい。「はじめに」でも説明したように、これは生物学的性差であるセックスに対して、社会・文化的な性差を意味する用語とされている。「されている」としたのは異論があるからだが、それについては後で説明しよう。

ジェンダーという言葉が広く使用されるようになったのは、一九七〇年代に入ってからのことだ。語源はラテン語のgenus（産む、種族、起源）であり、もともとフランス語やドイツ語などにおける男性名詞や女性名詞といった文法上の性別を意味する言葉だった。

文法上の性別は、名詞の性質とは無関係に決まる。つまり、女性っぽい名詞が女性名詞になるわけではない。つまり、本質とは無関係に、恣意的《しいてき》に決まっているのだ。ここから、文化的性差を示す言葉として、「ジェンダー」が用いられるようになった。

フランスの哲学者ボーヴォワールには「人は女に生まれない。女になるのだ」（『第二の性』一九四九年）という、あまりに有名な言葉がある。そう、人間の「性」は、先天的に定められたものではないし、染色体や性器ですべてが決まるわけでもない。赤ん坊だった人間が社会化されていく過程の中で獲得されるものこそが、いわゆる「男らしさ」や「女らしさ」といった、「ジェンダー」としての性差なのである。

僕たちは男女の役割分担について、かなり固定的なイメージを持っている。それは衣服やランドセルの色の違いなどにはじまって、「男は仕事、女は家庭」といった役割分担から、「男は度胸、女は愛嬌」みたいな性格傾向に至るまで、いつのまにか当然の前提みたいになっている。こういうイメージが典型的な「ジェンダー」だ。

後でもふれるように、ジェンダーを生物学的な性差の問題にのみ結びつけることはできない。生物学的要因とは無関係とまでは言えないにせよ、それは社会・文化的な環境の中で構成されたものでもあるからだ。たとえば女性の理想みたいに思われている「良妻賢母」イメージは、それが生物としての女性にとって自然だから定着したわけではない。むしろ近代以降の啓蒙によってもたらされた表象とみなされている。

だからジェンダーを、望ましい性的役割分担のように、固定的に理解するのは間違いだ。そのような理解は、ほぼ決まって、女性に対して不利に働いてしまう。なぜだろうか。従来のジェンダーのありようを決定づけてきたのは、主に男性が作り上げてきた制度の側だ。そうである以上、ジェンダー・イメージが男性にとって有利なものとなりやすいのは当然のことである。

もちろん、反論はあるだろう。なにしろ最近の男性は「草食系男子」とか称して、どんどん淡泊で優しくなっているらしいではないか。それに対して女性のほうは「肉食系女子」化して、活発にタフになりつつあるらしい。これはジェンダーのありようが、女性有利に変わり始めている兆《きざ》しなのではないか。

おそらく、それは事実ではない。「最近の女性は強くなった」という感想は、「いまどきの若者はだらしがない」という言葉と同様に、戦後のメディアで繰り返し使用されてきた言い回し（「強くなったのは女性と靴下」など）に過ぎない。この種の紋切り型が隠蔽《いんぺい》し続けているものは、依然として不当な抑圧を被り続けている女性の実態ではなかっただろうか。

男性優位の社会では、その優位性を見えにくくするために、さまざまな場面で「帳尻あわせ」がこころみられる。先ほどの「最近の女性は強くなった」という紋切り型が典型的だ。制度上はともかく、現実の女性はこんなに強いんだから、何もそんなに目くじら立てなくっても……というロジックである。家父長制批判のカウンターとして「それぞれの家庭では主婦が実権を掌握していた」みたいな言い回しがあるが、こういう指摘には独特のリアリティがあって「そんなものかな」という気になりやすい。

しかしこれらは、せいぜい例外的な事実の指摘にとどまるもので、およそ反証の体をなしていない。「人が犬を嚙んだらニュースになる」のと同じ意味で、「女性が強くなった」という表現がリアルであるうちは、依然として女性は抑圧されていると考えるべきなのだ。

フェミニズムとは、このようなジェンダーのあり方にたいする批判でもある。セックスは批判できないが、ジェンダーは批判できる。なぜなら、それは人為的に作られたものだから。このようなジェンダーの抑圧や束縛から女性を解放することこそが、フェミニズムの主たる目的のひとつである。

以上のように考えるなら、ジェンダーについて語ることは、ほぼ必然的に、政治的な身振りにならざるをえない。ならばここで、僕自身の政治的立場をはっきりさせておいたほうが良いだろう。

「はじめに」でふれておいたように、ジェンダーについての僕の立場は、ほぼ完全に精神分析的なものだ。つまり、「ジェンダー」を精神分析的に理解したうえで、個人がジェンダーゆえに傷つけられたり、不利な立場に立たされたりすることに反対する立場である。

ただし、フェミニズム側からなされてきた精神分析批判についても、それなりにわかってはいるつもりだ。そのうえであえて言うのだが、僕は精神分析とフェミニズムが、本質的な部分でとても相性がいいと確信している。だから従来の分類で言えば、僕の立場は精神分析的フェミニズムという、わりにマイナーな立場のひとつということになるのかもしれない。

さて、それでは精神分析は、どんな「批判」に晒《さら》されてきたのだろうか。

フェミニストたちに言わせれば、そもそも精神分析の始祖であるジーグムント・フロイトには、ジェンダーへの繊細な配慮がまるでなかった。たとえばフロイトは、かの悪名高い「ペニス羨望《せんぼう》」をすべての女性に押しつけようとした。ヒステリーの原因として、子供時代の性的虐待をせっかく発見しておきながら、お得意先の社交界に気をつかったのか、その発見を「なかったこと」にしようとした。虐待の経験を「心的現実」などと称して幻想扱いし、それを被害者の思い込みとみなすことで加害者を免罪しようとすらしたのだ。

ならば、フロイトの忠実な弟子を自称したフランスの精神分析家、ジャック・ラカンはどうだろうか。残念ながらラカンのひどさは、フロイトの比ではない。あろうことかラカンは「性的関係は存在しない」とか「女は存在しない」などと言い出すのだ。

それだけではない。ラカンは言語学の用語と考え方を精神分析に取り入れたが、それは、あらゆる言語の起源にはファルス（象徴的ペニス）があるとする極端なまでのファロセントリズム（男根中心主義）だった。その結果、すべての「語る行為」は、当然のように男性的行為にされてしまった。

要するに精神分析などという「学問」は、ずっと女性を疎外してきたのだ。彼らは女性の存在を否定し、女性から語る言葉を奪い、男性には不可能な享楽を体験している謎の存在と祭り上げ、結果的に女性を他者の位置へと疎外し続けてきた。

……とまあ、以上が精神分析に向けられがちなフェミニズム側からの異議申し立てだ。そのすべてが誤解であり間違いであるとは思わない。ただ、このような批判があることを承知のうえで、僕は精神分析の立場を堅持しようと考えている。その理由については、終章であきらかにするとして、この章ではジェンダーをどのように考えるのか、まずこの点についてはっきりさせておこう。

「ジェンダー・フリー」をめぐって

さて、話をややこしくするようだけれど、ここまで述べてきたジェンダーという言葉の使い方は、実は正確ではないらしい。

シカゴ大学のフェミニスト、山口智美氏によれば、一般に用いられているジェンダーの意味、「社会的文化的性差」は誤訳なのだという。

「ジェンダー」定義をめぐる混乱についても、もともと、ジェンダーの定義が導入時に「社会的文化的性差」と誤訳されてしまった、という問題が大きいと思う。英語でいう

「ジェンダー」は「性差」ではなく、「社会的・文化的な性のありよう」といった意味合いだ。そして、問題になるのはジェンダー間の関係性や、そこにおける権力の働きである。

（山口智美「『ジェンダー・フリー』論争とフェミニズム運動の失われた一〇年」『バックラッシュ！』双風舎、二〇〇六年）

さらに山口氏は「性差」が誤訳であるのと同じ意味で「性別」も好ましくない、なぜなら「分けること」にスポットがあたっているから、と述べている。

それでは「性のありよう」と「性差」とはどう違うのだろうか。

たしかに「性差」「性別」という言葉からは、女性と男性という二元論が、すぐに連想されてしまう。しかし「性のありよう」と考えるなら、ヘテロだけではなく、ゲイやレズビアン、あるいはトランスセクシュアルといったセクシュアル・マイノリティの人々についても包括的に考えることが可能になる。もともと「ジェンダー」とは、その程度には懐の深い言葉だったのだ。

以下、本書でも「ジェンダー」という言葉を、基本的にはこの山口氏の言う「社会的・文化的な性のありよう」という意味で用いることにする。

ジェンダーの成り立ちをどう考えるかについては、この章の最後でもう少し詳しく述べよう。その前に、いくつか確認しておかなければならないことがある。

日本においてジェンダーという言葉は、もともとそれほどなじみがなかった。おそらく「ジェンダー・フリー」という言葉とともに広く知られるようになったと考えられる。

一九七九年の国連総会で、女子差別撤廃条約が採択され、男女の固定的な性役割意識（≒ジェンダー）をこえて、男女が共同参画する社会の実現が目標となった。この「男女共同参画」というわかりにくい言葉、聞いたことがある人も多いだろう。ちなみにこの言葉、英語だと“gender equality”なんだから、普通に「男女平等」で良かったのに、と個人的には思う。

さて、日本でも男女共同参画社会の実現を目指して、二〇〇一年には内閣府に男女共同参画局が設立され、各省庁や自治体に至るまで、男女共同参画のための部署が設けられた。目標は「女性の経済的自立」や「少子化対策」だ。

ジェンダー・フリーという言葉は、このような社会的な流れの中で使われるようになったのだが、この言葉が広がっていく過程の中で、多くの誤解を生んでしまった。この言葉が辿ってきた不幸な運命については、先ほどふれた山口氏が、詳しく検証している。

ジェンダー・フリーという言葉は、かなり日本独自の意味で使われてきたという点では、和製英語に近いところもある（完全に和製英語と決めつけている学者もいるくらいだ）。もともとはアメリカの教育学者バーバラ・ヒューストンが言い出した言葉で、「ジェンダーの存在を意識しない」というほどの意味だった。しかもそれは肯定的に用いられたわけではなかったのだ。ヒューストンの立場は「ジェンダー・フリーよりも、ジェンダーに起因する差別や格差に敏感な視点（ジェンダー・センシティブ）を常に持って教育を進めるべきだ」というものだった。

日本で「ジェンダー・フリー」が、「ジェンダーからの自由を目指す」思想や運動という意味で用いられたのは、本来の意味からすれば誤用というほかはない。ちなみにこのような思想は、英語圏では「ジェンダー・イクォリティ（Gender Equality）」運動に近いと言われている。

男女の間で性のありようは異なっている。それをジェンダーと呼ぶとすれば、ジェンダーは事実としては存在する。ただ、そのような意味で「男らしさ」「女らしさ」が存在するとしても、それを制度や権力が個人に押しつけることはすべきではない。これが僕が理解する限りでの「ジェンダー・フリー」だ。

しかし、悪い意味での「ジェンダー・フリー」は、しばしば「性別の完全な撤廃（ジェンダーレス）」や「男女平等の杓子定規《しゃくしじょうぎ》な押しつけ」として誤解され、そうした誤解のうえで批判されてきた。

たとえば一部の教育現場では、ほとんど強迫的なまでに男女平等が目指された。中には「都市伝説」としか思えないものもあるが、だいたいこんな感じだ。

すべての学校を共学にせよという主張、男女混合名簿、体操着は男女兼用のハーフパンツに、着替えは男女同室で、ランドセルは男女同色で、生殖器付きの人形を用いた過激な性教育、「ひな祭り」や「鯉のぼり」といった伝統行事における性別の撤廃、ジェンダーの固定化を招くような歌や物語の禁止、などなど。

事実関係にこだわらずに言えば、こうした実践は強迫的なジェンダーレスの押しつけという意味で好ましくないと僕は考えている。社会の中で生きている子供たちにとって、「ジェンダー」はすでに日常的な現実だ。それが事実存在しているにもかかわらず、学校空間だけでそれを撤廃しようとするとどうなるか。

子供たちはジェンダー・フリーを学ぶどころか、なぜか教師たちが躍起になって、ジェンダーを抑圧し、隠蔽しようとしている姿勢のほうを学んでしまうだろう。たしかに世の中には偽善とか「タテマエとホンネ」があることを学ぶのは大切なことかもしれない。でも、何も学校がそれを教えなくてもいいのに、とは思う。

こうした批判を受けて内閣府は、「ジェンダー・フリー」という言葉は好ましくないという見解を発表し、これは事実上の禁止通達と受け取られて、さまざまな混乱を招いた。有名なところでは、二〇〇六年一月に東京都国分寺市が、人権学習の講座に上野千鶴子氏を招こうとして中止になったという「事件」がある。都の教育庁が、ジェンダー・フリーという（好ましくない）言葉を使う恐れがあるとして、横やりを入れてきたのだ。このときの東京都の言い分は「（ジェンダー・フリーは）男らしさや女らしさをすべて否定する意味で用いられていることがある」ため好ましくない、というものだった。どうやら東京都は、上野氏がジェンダー・フリーを批判していることすら知らなかったらしい。

推進するにせよ禁止するにせよ、お役所仕事の硬直ぶりは相変わらずだなあという感想はともかくとして、こういう「ジェンダー・フリー一律禁止」の背景には、あきらかに反動的な発想が影響しているように思えてならない。言葉の問題にかこつけて、ホンネは要するに「男女平等そのものが好ましくない」ってことなんじゃないの？　という疑惑が捨てきれないのだ。

バックラッシュのひとつの本質

バックラッシュという言葉をご存じだろうか。さまざまな意味があるが、近年わが国では、「男女共同参画」や「ジェンダー・フリー」といった政策に対する反動としてあらわれてきた言説をさす言葉だ。

ジェンダー・フリー派の仮想敵のひとつは「バックラッシュ」だ。バックラッシュ一派は、あからさまな男女差別はしない。ただし、男女はそれぞれの性に自然な生き方をせよとお説教するだけだ。いっけん素朴で自然にみえる議論なので、支持する人たちも少なくない。

嫌われるのを覚悟で言えば、彼らの議論はいささか素朴すぎて、正面切って批判する気にもならないようなものではある。加えて、少しくらい叩いても、彼らは考えをあらためるどころか、いっそう自説に固執するだろうこともわかっている。

ただちょっと困るのは、彼らの議論が、論理よりも感情に訴えるという点で力を持ってしまうことだ。ナイーブな人たちは、あっさり説得されてしまいかねない。

こういう議論は、しばしば不安と恐怖を利用して、人々を動員しようとする。だから僕は、彼らの話につい説得力を感じてしまいそうな人たちに向けて、十分にバックラッシュ批判をしておこうと思う。

たとえば、バックラッシュ一派の中でも、かなり影響が大きいと考えられる、西尾幹二氏と八木秀次氏の言説をみてみよう。

西尾氏は、共著『新・国民の油断』（PHP研究所、二〇〇五年）の末尾で、次のように記している。

男性が女性より優れているかどうかの問題ではありません。男女のあいだには優劣の差なんかない。ただ女性は女性という生理的宿命を背負っており、そこを起点にして考えなくてはならない。男性もまた、男性以外は持っていない生理的宿命を背負って生きているのです。

「生理的宿命」。この言葉を、よく覚えておいてほしい。男女の身体的性差、すなわちセックスを全面肯定する議論は、自然科学的には正当なはずなのに、価値観が絡むとなぜかオカルトに近づいてしまいやすいからだ。

バックラッシュの言説は、ほとんど例外なしに生物学的性差を重視する。人間の男らしさ、女らしさは、身体のレベルで決定済みなのだから、ジェンダー・フリーとかいってみてもはじまらない。それぞれの個人が、自らの身体性を受け入れ、あくまでも自然体で生きなければならない。彼らはほぼ例外なしにそのように主張する。

彼らの典型的なロジックはこうだ。たとえば、多くの女性は結婚して子供を生むことを幸福と感ずる、という事実がある。だからこそ、すべての女性は早く結婚して子供をたくさん生むべきである、と。こうした飛躍しがちな論理がどういうところに辿り着くか。たとえば共著者である八木秀次氏は、女帝容認論批判にあたって、男系でなければ神武天皇以来の「Y染色体」の系統が絶えてしまうという論理を全面展開したことがある。この議論、歴代天皇の身体を単なる染色体の容器扱いするような、そうとう「不敬」な議論ではないだろうか。

保守的論壇人は、天皇（制）が好きすぎるあまり、時々とんでもない不敬発言（雅子妃は仮病、とか）をすることがあるが、ここまでひどいものはあまりみたことがない。身体性と価値観が結びつくとどんなことが起こるのか、この一例だけからも十分理解されるだろう。

まあ、保守主義者は伝統の無根拠性をこそ重んずるそうだから、身体性を無根拠に信頼せよという主張は、彼らなりに筋が通っていると言えないこともない。ただし、その作法が、いささかはしたないだけなのだろう。せいいっぱい好意的に解釈すればの話だが。

八木氏の議論の誤りについては、第二章でもう一度説明しよう。いずれにせよ、こういう考え方が一部でもてはやされる背景には、やはり「ジェンダー・フリー」という言葉が辿った、不幸な経緯が関係しているのだと思う。

さすがにいまどき、男女平等の考えに正面から反対できる人は少ないだろう。しかし、それがかりに「正しいこと」であっても、あまり急進的に進めすぎると、反作用も大きくなる。

上野千鶴子氏も指摘するように、その意味で「ジェンダー・フリー」という言葉は、フェミニズムのアキレス腱だった。フェミニストの内部にも、この言葉をめぐっての対立があり、バックラッシュ陣営はその隙《すき》につけ込んだのだ（それほどの戦略はなかったと思うが、たまたまそういう形になった）。

彼らは、先ほどふれたような、強迫的な男女平等教育（同室着替え、同室宿泊など）や過激な性教育などの極端な例を持ってきて「ジェンダー・フリーはこんなにひどい」という印象操作をしようとした。つまりジェンダー・フリーの誤用例を叩くことで、そこに含まれているまともな価値まで否定しようとしたのだ。

さて、ここでもう一度、「生理的宿命」という言葉を思い出してみよう。

三砂ちづる氏という学者がいる。専門は疫学のようだけれど、ベストセラーになった『オニババ化する女たち』（光文社新書、二〇〇四年）で、一躍有名になった。この本はまさに、女性の身体性を回復するという目的のもとで書かれている。本の中から、有名になったフレーズをいくつか引いてみよう。

「社会の中で適切な役割を与えられない更年期女性がオニババ化する」

「誰でもいいから結婚して子を産むべし」
「子宮を空家にしてはいけない」
「月経前緊張症は受精できなかった卵子の悲しみ」
「そういうキャラ」を作ろうとしているのか、ただの天然なのか、いずれにしてもこうした主張の正当性が疫学的に証明済みのものとはとうてい思えない。

ここにあるような「身体性」志向は、いわゆる「トンデモ」さんがしばしば感じさせるような「素朴さ」を帯びている。多くのバックラッシュ言説と同じように、学問的な検証に堪えうる内容ではないが、そのぶんだけ（一部の）人々の「共感」に、強力に訴える力を持っている。

この本については香山リカ氏も、著書『いまどきの「常識」』（岩波新書、二〇〇五年）で次のように批判している。「いくら『身体が発する声』に耳を傾けようと試みても、そんな声などいっこうに聞こえてこないタイプの女性たち（ちなみに私もそうだ）への配慮や、妊娠、出産がさまざまな要因でかなわない女性たちへの気遣いは、まったくといってよいほどない」と。

こういう例ばかり見てきたせいか、僕は「身体性」という言葉にかなり警戒的だ。それというのも、身体性の復権がうたいあげられるのは、ほぼ決まって保守の文脈、それも、一番無自覚なタイプの保守的言説であることが多いからだ。

僕の考えでは、身体性の全面肯定は立派なイデオロギー、つまり「政治的主張」だ。身体はみんなが持っているから中立なはず、という思い込みは幻想に過ぎない。どういうことだろうか。

ジェンダーの議論に身体性の全面肯定派が参加したら、何が起こるか？　彼らは必ず言うだろう。性差は生物学的な区別によって決定づけられているのだから、ジェンダーなんて幻想に過ぎない、と。

しかし僕に言わせれば、彼らの信じている身体性のほうが、典型的な幻想に過ぎない。終章でふれるように、身体がいかに想像や幻想の投影を受けやすいかということを暴いたのが精神分析だ。僕がこの立場にこだわる理由のひとつはここにある。精神分析の立場をとらなければ、僕たちは「性的身体」の呪縛をしりぞけることができなくなる。そのくらい身体というのは、僕たちにとって「リアルな幻想」の領域なのだから。

さて、身体論と言えば、最近ではなんといっても内田樹《たつる》氏の名前を第一にあげるべきだろう。フランス現代思想の流れをくんで、レヴィナスやラカンの啓蒙書なんかを書いたり、独特の視点から社会問題にコメントしたりしている学者だ。軽妙な筆致と意表をつくアイディアで、その著書はたいへん人気がある。

内田氏は武道家でもあり、合気道や居合の達人らしく、こちらに関する著作も多い。そのせいかどうか、内田氏もベースは身体論の人だ。その内田氏が、くだんの三砂氏と出した共著『身体知』（バジリコ、二〇〇六年）は、一見そうは見えないが典型的なバックラッシュ本である。

もともと内田氏はフェミニズム嫌いを標榜《ひょうぼう》しているから、この姿勢は一貫している。ただ、内田氏の書いた「私がフェミニズム嫌いな訳」（http://www.tatsuru.com/columns/simple/01.html）などを読めばわかるとおり、氏の批判は「フェミニズム」の本質には全然届いていない。この文章では要するに、自らの主張の正しさに対して疑いを持たない「正義の人」が批判されているだけだ。

ところで、内田氏の主張とほぼ同じことを、意外にも村上春樹が小説に書いている。『海辺のカフカ』（新潮社、二〇〇二年）で、カフカ少年が身を寄せた高松の甲村記念図書館に、二人のフェミニストらしき女性が訪れるというエピソードだ。

彼女たちは図書館の設備を細かくチェックして、「トイレが男女別でない」だの「分類カードで男が女より先にある」だのと言いがかりめいたクレームをつけるのだ。司書で性同一性障害（つまり身体は女性）の「大島さん」は彼女らを批判してこんなことを言う。「僕がそれよりも更にうんざりさせられるのは、想像力を欠いた人々だ。（中略）想像力を欠いた狭量さ、非寛容さ。ひとり歩きするテーゼ、空疎な用語、簒奪《さんだつ》された理想、硬直したシステム。僕にとってほんとうに怖いのはそういうものだ。（中略）想像力を欠いた狭量さや非寛容さは寄生虫と同じなんだ。宿主を変え、かたちを変えてどこまでもつづく。そこには救いはない」。

僕は村上春樹ファンだけど、この司書のセクシュアリティ設定だけは、ちょっと卑怯じゃないかと感じた。「大島さん」の批判に迫力があるのは、「彼」が女性の身体を持っているからだ。つまり「大島さん」は、FTM（Female to Male）という過酷なジェンダーの宿命を戦ってきた人であり、その重厚な履歴の前には、そこらの浅薄《せんぱく》なフェミニストの主張など瞬殺だ、というニュアンスが透けてみえるのだ。

「大島さん」の主張は、それはそれでいい。僕が問題にしているのは、硬直したシステムの代表としてフェミニズムをやり玉にあげるという作者の選択だ。別にマルクス主義でも官僚主義でもいいはずなのに、この選択はちょっとどうかと思う。思わぬ形で村上春樹のミソジニー（女性嫌悪）を知らされたような、ちょっといやな気分だった。

村上春樹の例を出したのは、こうしたタイプのミソジニーが、いっけん政治的中立を装った言説の中にも紛れ込みやすいことを知ってもらうためだ。

話を『身体知』に戻すと、ここにはまるで井戸端会議というか、ちょっとインテリな奥様たちのファミレス談義みたいなやりとりが散見される。引用してみよう。

三砂「（対話できない身体について他の発言者の意見を肯定的に引用しつつ）痴漢はするほうが絶対に悪い。それはあたりまえなんですけれども、痴漢をされる側が〝イヤだ〟というメッセージを全然発することができてない。口で言えないのはしかたがないのかもしれませんが、身体が〝イヤだ〟というメッセージを出せていないことが問題だ」

内田「（痴漢冤罪の被害者について）そういう人って、実際に痴漢行為をしていなくても、どこか触れ合う人の身体に対して鈍感なところがあったんじゃないかと思うんです。（中略）痴漢行為というのは、接触そのものだけでなく、それをどう処理するのかという事後のふるまいまで含めた文脈依存的な出来事じゃないかと思うんです」

この部分から読み取れるのは、「身体の政治性」に関する鈍感さこそが、さまざまな「身体論」の背景にあるという可能性である。

痴漢行為に限っても、このくだりは十分問題なのだが、さらに言えば彼らの発言はたいへん応用が利く。たとえば「痴漢行為」に「セクハラ」や「強姦」、あるいは「性的虐待」などを代入してみよう。そのすべてが「文脈依存的」な行為であることがわかるだろう。

なぜなら「文脈」いかんで、そういう行為はすべて「親密さの表現」というふうに言い訳できてしまうのだから。もっと言えば、「文脈」を決めるのは、それこそ政治的な力関係、権力関係だったりもするのだから。

フーコーの生政治とか、環境管理型権力とかの話を持ち出すまでもない。こころの管理に比べれば、身体はずっと管理しやすい。だからこそ、僕たちは「身体の政治性」をとことん警戒しておく必要がある。

彼らに限らず、バックラッシュ陣営がしばしば主張するのは「自然な身体性」の復権である。しかし、啓蒙によって「自然な身体性」を回復するという行為が、そもそも矛盾を抱え込んでいる。だいたい自然が良いのなら、放任がベストに決まっているではないか。

ちなみにこの種の「自然な身体性」こそがフィクションにほかならないことを最初に発見したのがフロイトである。彼は「ヒステリー」の臨床において、このことを見出した。これについては、第四章でふれよう。

みてきたように、バックラッシュ言説には理論的にみるべきものはほとんどない。しかし繰り返しになるが、そこには多くの人々の「実感」に訴えかける「素朴さ」と「わかりやすさ」がある。論理よりも感情に訴えかけ、しばしば不安と恐怖を喚起する彼らの議論は、まさに人々の「身体性」に直接訴えかけようとする。こんなふうに「身体の政治性」

を考えるきっかけとしてなら、バックラッシュという「現象」や「症状」にも、興味深い点がなくはない。

ジェンダーは人間の本質なのか？

ここまでの議論をふまえて、ジェンダーについて、もう一度考えてみよう。

生物学的なセックスに対して、社会的・文化的に形成されたジェンダーがある。前にも述べたとおり、どうもこれだけでは不十分らしい。ちょっとややこしいが、セックスとジェンダーの関係は、もう少し複雑なものらしい。

ジェンダー理論の文脈においては、「セックス」も「ジェンダー」の一種である、あるいは「ジェンダー」によって「セックス」がつくられる、という表現がされることがある。これはつまり、セックスとジェンダーの区分——何が生物学的に決定されており、何が社会的・文化的に形成されているのか——もまた社会的・文化的に形成された認識であり、そうである以上、両者の区別は絶対ではないという考え方にもとづく。この定義において、「ジェンダー」とはただ単に「性別」を形成する一要素ではなく、「性別」に関するわたしたちの認識全体を含むものとして理解される。

（小山エミ＋荻上チキ「バックラッシュを知るためのキーワード10」前掲『バックラッシュ！』）

このような慎重な言い換えが必要となるのは、ジェンダー理論を曲解するバックラッシュ陣営に「あいつらは性には生物学的な根拠はないと主張しているとんでもない連中だ」などと言わせないためである。僕なりの理解で言えば、要するにジェンダーはセックスの上位概念であり、性差が決定づけられるうえで何が本質的で何が構成的であるか、という区別は簡単にはできない、ということだ。だからもちろん、氏《うじ》よりも育ちが決定的である、ということを主張するための概念でもない。

小山エミ氏はミルトン・ダイアモンドの示唆を受けて次のように述べる。「人間の性自認とは生得的な傾向と社会環境の双方の影響を受けて発達するものであり、どちらか一方だけで決められることはない」（小山エミ「『ブレンダと呼ばれた少年』をめぐるバックラッシュ言説の迷走」前掲『バックラッシュ！』）。

これはまったく妥当かつ穏当な指摘と考えるべきであり、これだけのことを主張することがいかに困難であったかを思うだにため息が出る。

生得的、つまり生物学的な要因はジェンダーに間違いなく強い影響を及ぼす。しかしそれは、自分の体にペニスがあることに基づいて、「俺は男だ」と認識することのみを意味しない。そうではなくて、自分のペニスを認識しつつ「それでも自分は女性だ」と感じてしまうことも含まれる。こうした事態は一般に性同一性障害などと呼ばれるが、彼女の性自認においてもまた、ペニスが生物学的根拠を与えていると僕は考える。

前述の小山氏が紹介している「双子の症例」と呼ばれる事件をめぐって交わされた議論は、このあたりのすれ違いを象徴するという意味で、それ自体が検討に値する事例であった。ここでは、ごくかいつまんで検討してみよう。

一九六六年にカナダで生まれた生後八ヵ月の双子の一人、ブルース・ライマーは包茎手術に失敗し、ペニスを損傷した。両親は心理学者ジョン・マネーの助言のもと、ブルースに性転換手術をほどこして、ブレンダという女の子として育てようと試みた。ところがブレンダ（ブルース）はいっさいの経緯を知らされないまま女性であることを拒否し、一〇代半ばでデイビッドと改名し男性として生きようとしたのである。しかし残念ながら、二〇〇四年、デイビッドは自らの命を絶った。

マネーはこのケースを、性自認を任意に変更できるとする自説の証拠として利用しようとした。だからもちろん、ブレンダが女性であることを拒否した事実にはふれていない。この症例が「失敗」だったことは、生殖学者ミルトン・ダイアモンドらの調査によって明らかになった。

マネーの失敗は、バックラッシュ陣営にとっては格好のネタだった。彼らにとって、この失敗事例は、社会的・文化的に形成されたジェンダーなる概念が嘘っぱちであることの何よりの証しだったからだ。

つまり、ここには二つの対立軸があるのだ。ジェンダーは社会的に形成される、さらに言えば自由に選択できると考えたマネーと、性自認はあくまでも生物学的に決定づけられるので変更不能であるとするバックラッシュ陣営と。

結論から言えば「双子の症例」は、いずれの主張をも裏付けるものではない。マネーはインターセックス（性別の判定が容易ではない事例）の研究を通じて、多くの子供が育てたとおりの性自認にいたることを見出していた。この事実からは、ジェンダーが形成される過程において、社会・文化的要因が関与する可能性がうかがえる。しかしだからといって、そうした要因が生物学的性差よりも優位であることの裏付けにはならない。

逆に、マネーが失敗したからといって、そこから一気にジェンダー概念の否定に走ることも間違いだ。デイビッドの女性性拒否が、周囲が自分になぜか女性性を強要しようとする不自然な態度への反発であった可能性を誰が否定できるだろう。もしそうであるなら、デイビッドの男性性こそ社会・文化的に形成された、とみることもできるのだから。

こうした事例研究を知るにつけ、ジェンダーの実証的研究の困難さに嘆息してしまう。

それはほとんど原理的に不可能ではないか、とすら言いたくなる。

精神科医という立場からすれば、この点でジェンダーと精神疾患とは、とてもよく似ている。いや、何もジェンダーが病気だとか言いたいわけではない。精神疾患についても、同じような議論が何度も繰り返されてきたからだ。

この種の議論は、ある疾患が心因から生ずるか、あるいは器質的な原因からか、という議論によく似ているのだ。しかし、百パーセント心理的な原因だけから起こる疾患は存在しないし、百パーセント脳神経系の原因から生ずる疾患も存在しない。どんな疾患も、身体的な要因に心理・社会的な要因が加わることで（あるいはそれらが欠如することで）生じてくる。

また、だからこそ、精神療法と薬物療法を並行して行う必要があるのだ。およそ人間的事象はなべて、身体・心理・社会それぞれの要因が絡み合うところから生じてくる。ならば、どうしてジェンダーだけが例外と言えるだろう。

ところで、もしも人間の性自認が身体のセックスと常に完全に一致するというのなら、性自認そのものが成立しなくなると僕は考えている。いや、これは何も性に限った話ではない。自分の身体の実在性すら疑うことができるのが、人間の自意識なのだ。つまり、身体と意識は、常にすでに乖離《かいり》した存在なのである。

だとすれば、心理的な性自認が存在するということ自体が、ジェンダーとセックスの乖離を証すものであるはずだ。それらは多くの場合、たまたま一致してはいるものの、一定の割合で「ずれ」が生じてしまうことも避けられないのだ。

フェミニストのジュディス・バトラーは、こんなふうに述べている。

実際おそらくセックスは、つねにすでにジェンダーなのだ。そしてその結果として、セックスとジェンダーの区別は、結局、区別などではないということになる。

したがって、セックスそのものがジェンダー化されたカテゴリーだとすれば、ジェンダーをセックスの文化的解釈と定義することは無意味となるだろう。

（『ジェンダー・トラブル』青土社、一九九九年）

そんな馬鹿な！　きっとあなたは呟《つぶや》くだろう。それってつまり、ジェンダーの概念がまずあって、その後に生物学的な性が決まる、みたいな話じゃないか。現実にあるものよりも概念が先だなんて納得できない。

その気持ちはわかる。しかし、この問題を誠実かつ厳密に考えるならば、バトラーのような結論に至るのはむしろ必然なのだ。僕たちの「性」がどう決められているかを考えるときに、どこまでが生物学的で、どこからが社会・文化的な決定なのか、実は区別することができない。たとえ記憶をさかのぼってもムダだ。自分の性別を最初に認識したのはいつか、なんて質問に、誰だって正確に答えられるわけがない。

ひとつだけはっきり言えること。それは、性別を認識するためには、あらかじめ性別に関する知識を持っている必要がある、ということだ。ここで「ジェンダー」は、さらに広い意味で使われることになる。性に関する認識そのものが「ジェンダー」というわけだ。つまりジェンダー概念がまず存在しなければ、僕たちは自分の性別すらも認識できないということ。別に性に限った話ではない。僕たちは自分を「人間」だと思っているけれど、それを知っているのは「人間」という言葉があるおかげなのだから。

バトラーは、ジェンダーを行為（パフォーマンス）であると考えた。言い換えるなら、身体の上に貼り付けられたイメージではなく、行為そのものがジェンダーであるとみなすのだ。このとき、行為の数だけ、ジェンダーは存在することになる。かなり過激な考え方かもしれないが、僕はバトラーに完全に同意する。本書におけるジェンダーのとらえ方は、このバトラーの考え方に準ずると言っていい。

ラカンの「女は存在しない」という言葉をこの視点から考えてみよう。この言葉は、たとえばこんなふうに翻訳できる。「（生物としての）女は（「女」という言葉より先には）

存在しない」と。

ただし「セックス」が「ジェンダー」に含まれるからといって、ジェンダーがセックスの影響を受けないということではない。もちろんそこには大きな影響がある。ジェンダーはセックスとの相互作用によって、さらに変化を遂げていく。また、だからこそ「生物的／社会・文化的」といったラインをはっきり引けないのは当然なのだ。なぜなら両者の境界線は、常に「行為」によってぶれ続けているのだから。

ジェンダー・センシティブ

ジェーン・マーティンが提唱する「ジェンダー・センシティブ」の概念は、ジェンダーに対する態度として、現時点でもっとも同意できるものだ（ジェーン・マーティン＆バーバラ・ヒューストン「ジェンダーを考える」前掲『バックラッシュ！』）。彼女はジェンダーにまったく注意をはらわない立場と、ジェンダーこそが唯一重要なことなのだとする立場のいずれにも賛成できず、第三の道として「ジェンダー・センシティブ」を提唱した。

ちなみに「ジェンダー・フリー」を言い出したバーバラ・ヒューストンは、「ジェンダー」そのものについては以下のように述べている。

「私はジェンダーは人の性質としてではなく、さまざまな方法でつくり出される人びとのあいだの関係性であるととらえるのが重要だと考えています」

　この表現はジェンダーという概念を固定的にとらえるのではなく、そこにはらまれる相対性や流動性にも配慮されている。バトラーの「ジェンダーは行為である」という主張と同様、こちらにも僕は完全に合意する。属性ではなく関係性であるという視点は女性ならではのものだが、一種のコペルニクス的転回とも言える。

　そのような前提で、ジェンダー・センシティブはどのように定義づけられるか。ジェーン・マーティンの発言をいくつか引用してみよう。

「私たちはジェンダーを、それが重要に関係するときには考慮にいれ、そうでないときには無視する、というものです。この考え方をとるとすれば、すべての事柄について、議論の必要が生じてきます。いったい何が重要に関係し、何が関係してこないのかというような内容について、考える必要が出てくるわけです。(中略) これはあくまでも分析的な枠組みであって、人びとや文化など、それぞれの状況におうじて、具体的なことが決められればいいのです」

「(「ジェンダー・センシティブ」という立場は) 一般的な方針ではあるけれど、個別具体的な事柄への注意を必要とする、ということです。抽象的な方針ではあり得ないのです。つねに変わりうるし、つねに変わり続けていて、わかり得ないわけです」

「ジェンダーが個別具体的な状況にどう影響するのかは、人種や階級など、さまざまなほかの要素も関わることであり、予測はできないのです」
「ジェンダー・センシティブな方針というのは、どんな研究がなされようが、どんな行動や法律が制定されようが、つねに女性にどんな影響があるかについて見ていくということです」

みてきたように、ジェンダー・センシティブな態度は、ジェンダーを固定的な枠組みとしてはとらえない。メタレベルに立って、ジェンダーにかかわる理論そのもの、過程そのものを問題にするような手続きのありようを指している。

いつ、どういう場面でジェンダーが問題化するかについては、個別の具体的な現場に身を置いてみなければわからない。その意味では、純粋に理論的／抽象的なレベルだけではジェンダー・センシティブな立場を維持できないのだ。

理論というよりは、個別の事例と向かい合うための方法論であるという点で、この発想は、かなり精神分析に近いとも言える。ジェンダーの存在をいきなり否定するのではなく、事例ごと、場面ごとにそのカテゴリーの重要度を判定すること。そのうえで、もしそのカテゴリーが抑圧的・疎外的に作用を及ぼしているのなら、それに対して介入や修正を試みること。もし僕に政治的立場があるとすれば、この「ジェンダー・センシティブ」がもっとも近い立場、ということになるだろう。

この発想の良いところは、さまざまな領域で応用が利くところだ。たとえば「ジェンダー」を「マイノリティ」に置き換えてもよい。マイノリティが常に問題となるわけではないが、マイノリティであることが何らかの不利益や差別につながりやすい場面では、それを問題として扱う、というように。

ならば、あらゆる差別や抑圧に対してセンシティブであればよいのではないか。ことさら「ジェンダー」に限定する必要はないのではないか。そうした疑問もありうるだろう。

しかし僕は、「ジェンダー」を中核にすえた点をこそ評価すべきであると考える。なぜだろうか。

他の差別に関して言えば、基本的に、そうしたカテゴリーそのものの無効化が根本解決につながるだろう。部落差別や人種差別などがその典型である。自分ではどうにもならない先天的なカテゴリーを押しつけられ、それが差別をもたらすとすれば、最終的にはそのカテゴリー自体を無くしてしまうことが望ましい。

しかし「ジェンダー」はそうではない。ジェンダーは、そのカテゴリーゆえの差別や疎外をもたらすと同時に、個人のアイデンティティに深いレベルでかかわっている。つまりジェンダーというカテゴリーは、個人がこの社会で生きていくうえで、欠くことができないものでもあるのだ。そうした意味でジェンダーは「両刃の剣《もろは》」でもある。とりわけ女性にとってそうであるのは、いまだ社会のいたるところに遺されている男尊女卑的なバイアスゆえである。

いずれにせよ私たちは、ジェンダーというカテゴリーを必要としている。ジェンダー・センシティブという立場は、差別につながりうるカテゴリーをただ消去するのではなく、そのカテゴリーの重要性を尊重しながら、カテゴリーが及ぼす作用を注意深く観察し調整していこうとする立場なのだ。

このような態度が必要とされるカテゴリーとしては、ジェンダー以外では、精神障害をはじめとするいくつかの障害や疾患くらいしか思いつかない。

障害というカテゴリーは、治療や支援を受けるうえでも必要なものである。障害者であることが不当な差別や疎外につながるからといって、障害者という概念そのものをなくせばいい、ということにはならない。概念そのものは温存しつつ、それが不利益をもたらしている場面では、積極的な改善がなされることが望ましい。そういうことである。

カテゴリーによる差別をなくそう、と主張することはたやすい。しかしそうした主張がゆきすぎれば、今度は当のカテゴリーを必要とする人たちの立場が疎外される結果につながってしまう。誤解されて広がった「ジェンダー・フリー」概念は、そうした危うさを持っていた。

ここで僕が思い出すのは、作家の中上健次のことだ。被差別部落出身の中上氏は、誰よりも差別について「センシティブ」な作家でもあった。つまり、差別の悪について身をもって知る立場にあると同時に、差別が必然的に生まれてくる構造についても自覚的であったということだ。

たとえば中上氏は、こんなふうに書いている。

「この日本において、差別が日本的自然の生み出すものであるなら、日本における小説の構造、文化の構造は同時に差別の構造であろう」（中上健次『紀州〜木の国・根の国物語』角川文庫、二〇〇九年）

このことは、別の場所で「差別」と「差異」の違いとしても論じられている。差異なくしては文化はあり得ない。その限りにおいて、差異は肯定されなければならない。しかし、差異をもたらすのと同じ構造が差別をもたらすとしたらどうだろう。差異を肯定しながら差別を批判するという態度は、自家撞着《どうちゃく》におちいってしまうのではないか。ここにひとつのアポリアがある。中上氏は自ら生み出した虚構の力によって、生涯をかけてこのアポリアに取り組んだ。

この「差異を肯定しつつ差別を批判する」態度こそ、「ジェンダー・センシティブ」のひとつの本質ではないだろうか。

カテゴリーそのものの安易な否定は、差異も差別も一緒くたにして吹き飛ばそうという点で一種の暴力でしかない。その意味で僕は、いわゆるラディカル・フェミニズムの主張には賛成できない。肯定されるべき差異と批判されるべき差別の違いを見出すには、差異そのもの、カテゴリーそのものに対する繊細な感受性が必要だ。同時に、常に現場で考え、自らの立場にも修正を加えようとする意志も要請される。

本書では、僕はできるだけそうした立場に近づこうともくろんでいる。ジェンダーというカテゴリーが人間を人間たらしめるもっとも重要なカテゴリーであることを前提としたうえで、そのカテゴリーがどのような幻想によって支えられているかをみきわめること。さらにそうした幻想はどこに由来しているかを突きとめること。

そうした意味からも、本書は、あくまでも「ジェンダー・センシティブ」な立場を目指して書かれたものと言いうるだろう。そのとき「所有」と「関係」の仮説は、行為として、あるいは関係としての「ジェンダー」を理解するうえで、きわめて有効な補助線たりうるはずだ。

第二章　男女格差本はなぜトンデモ化するのか

倫理観や価値観は脳には還元できない

前章で十分に述べてきたように、僕が本書で問題にしているのは、あくまでもジェンダーだ。正直言って、セックス、つまり生物学的な性のありようについては、いまのところ僕はあまり関心がない。というか、現在の「セックス」研究の水準では、「ジェンダー」の繊細さをとても担いきれないと感じている。

だから僕は、「はじめに」でも述べたように、このような、いわば「器質的性差」についての大衆向けの解説本の大半は眉唾ものだと考えている。あえて「すべて」ではなく「大半」と書いたのは、「これから眉唾ではない本が出て来るかもしれない」というはかない期待の表明である。

ジェンダーを脳の解剖学的、もしくは生理学的な差異に還元しようとする議論は、しばしば男女それぞれの「自然な役割」の素晴らしさを強調しようとする。たとえば、原始において男女は、きわめて自然な役割分担のもとで生きており、それは前近代までめんめんと受け継がれてきた、云々。しかし、近代化にともなうアノミー化（共通の規範がなくなる状態になること）によって、こうした古き良き価値観は破壊され、人々は依拠すべき規範を喪失して途方に暮れている、というわけだ。

これが典型的な（そして素朴な）差別主義者の論法であることは論をまたない。彼らのロジックを用いるのなら、部落差別も黒人差別も簡単に正当化できてしまう。どんな醜悪な差別にも、それが成立し維持され続けてきた程度には、なにがしかの「意味」や「根拠」があるのだから。

彼らはしきりに「自然」であることをほめたたえるだろう。しかし彼らの称揚する「自然」なるものは、「自然でありたい」という欲望そのものの不安定さと非合理性を示すような、それ自体は無根拠のキーワードなのだ。

本書が前提とするのは、人間が「自然な身体性」なるものから、決定的に隔てられてしまっているという認識である。僕があくまで精神分析に依拠しようとするのは、そうすることで「自然」や「身体」といった曖昧な合理化の誘惑を、しっかりと排除しておくためだ。

僕はかつて、脳科学者・茂木健一郎氏との往復書簡を出版社から依頼されて引き受けたことがある（「脳は心を記述できるのか」http://sofusha.moe-nifty.com/series_02/2007/06/1_108a.html）。残念ながら、いったんは引き受けたはずの茂木氏から、返信はついに来なかった。いきなり論戦をふっかけられて困惑したのかもしれないが、真相はよくわからない。

それはともかく、最初の「書簡」で僕がもっとも主張したかったことのひとつは、われわれの倫理観や価値観を、脳に還元することはできない、ということだった。言い換えるなら、倫理や価値を科学的に根拠づけることはできない。ほとんどの疑似科学（いわゆる「トンデモ」説）は、価値を科学的に根拠づけようとした結果の産物なのである。

むしろ価値観を科学的に論じようとしている論文は、それがもし啓蒙のための比喩でないのならば、とりあえず眉に唾をつけて読んでおくことをお勧めしたい。ちなみにこの種の論文は、通常の科学論文に比べても、論調がきわめて断定的になりがちな特徴がある。価値のようなあやふやなものほど、しばしば断定的に論じられがちなものなのだ。

言うまでもなく僕は、「ジェンダー」もこの領域に属すと考えている。セックス、つまり生物学的性差は価値観とは関係ないが、ジェンダーはそうではない。ジェンダーとは、さまざまな価値観を基礎づける「メタ価値」のようなものだ。それゆえ僕の考えでは、こちらを科学的に論ずることは難しい。というか、むしろ科学とは徹底して切り離して論じるべき領域であると考えている。

性差の脳科学のでたらめぶり

しかし、世にまかり通る「男と女」本は、その大半が脳やホルモンのありようで性差を論じようとしている（本章ではあえて「性差」という言葉を用いることにする）。つまり、ジェンダーには科学的な根拠がありますよ、と主張したげにみえるのだ。しかし、性差の脳科学がいかにまともな根拠に基づいていないかは、いくらでもあるこの手の本の任意の頁を開いてみればすぐわかる。

僕が知る限り、そのもっとも悪質な例は、アラン・ピーズとバーバラ・ピーズによるベストセラー『話を聞かない男、地図が読めない女』（主婦の友社、二〇〇二年）である。あらためて手に取ってみて驚いたのだが、この本で紹介されている科学的知識の多くが、まったくの誤謬《ごびゅう》かでたらめである。全世界で六〇〇万部も売れたというベストセラー本が、かなり程度の低い疑似科学本であったという事実には、ちょっと空恐ろしさすら感じる。

たとえば「男より女のほうが注意深い」という違いを根拠づけるために紹介されるのは、ペンシルバニア大学の神経心理学教授ルーベン・グルの説だ。「休息中の男性の脳をスキャンしてみたら、全体の七割が活動を完全に停止していた。いっぽう女性はというと、逆に九割が活動状態にあったというから、女は周囲からたえず情報を取りこみ、分析していることがわかる」。

これでは女性はまるで、男性とは別種の生き物である。少しでも脳波を測定したことがあれば容易にわかる間違いだ。男女の睡眠脳波に、個体差以上の違いはない。もちろん脳の活動が「完全に停止」することもあり得ない。まして九割が活動状態だとしたら、それは覚醒状態とほとんど変わらない。こうした比較はまったくナンセンスである。

目の構造の違いについての記述もとんでもないものだ。

「色を識別する錐状体《すいじようたい》細胞のもとはX染色体で、女性はX染色体が二本あるために、男性より錐状体のバラエティが多い。だから色を細かく描写できるのは女のほうで、男が赤、青、緑だけで表すところを、女は骨のような白、アクア、緑がかった青、藤色、アップルグリーンと表現しわける」

このくだり、なまじ正しい記述が混じり込んでいるだけにたちが悪い。たしかに錐体細胞（こちらが正式名称）はX染色体由来だ。女性にX染色体が二本あるのも事実。しかし一対のX染色体のうち、常に一方が不活性化されるので、発現の仕方は男性と変わらない。さらに言えば、錐体には赤・緑・青のそれぞれを吸収する三種類の錐体があり、この点についても性差はない。それゆえ、ここでの記述の後半は、まったくのでたらめである。ケアレスミスと言うよりは、入念にしくまれたウソの印象が強く、ひょっとすると、この本の著者たちは、単にいい加減である以上に悪質なのではないかと疑いたくなってくる。

「オキシトシンという女性ホルモンは、触れられたいという欲求を起こし、触覚の受容体を活発にする。男の一〇倍も皮膚が敏感な女にとって、男、子ども、友人を抱きしめるのはとても大切なことなのだ」

まず、オキシトシンは女性ホルモンではない。また、たしかにネズミのつがい形成を促進するほか、人間にも社会的行動を起こすとされているが、人間に関してその効果はまだ証明されていない。

しかしそれにしても、女性の皮膚が男性の一〇倍も敏感というデマは何を根拠にしているのだろう。これを証明するためには、女性の皮膚における神経末端の構造が、男性とは決定的に異なるという解剖学的な事実を示す必要がある。しかしこの本の記述のどこにも、一〇倍敏感説の根拠は示されていない。もちろん、このような医学的事実は存在しない。

間脳にある「前交連《ぜんこうれん》」は、一般に女性のほうが男性よりも太い。これは言うなれば「感情の連絡通路」なので、女性は感情的になりやすい。このようなくだりも、何も考えずに読めば「ああ、そういうものか」と納得してしまいそうな文章である。

しかし、少しでもまともに考えてみれば、たとえ脳科学の知識がなかったとしても、この説明のおかしさには気がつくはずだ。

女はなぜ、感情的になるのか？ それは女性の脳が、感情的になりやすい構造を備えているからだ。果たしてこの説明で、納得できる人はどのくらいいるものだろうか？ 「感情」というものの本質を不問にしたままでは、この種の説明は情報としての価値がゼロに近い。これでは「脳」を「心理」と置き換えてみても、言っていることは大して変わらない。

さらに細かくみてみよう。連絡通路が太いことと、感情の総量が多いこととはまったく関係がない。通路が太いことと、感情の多寡は関係がない。道路が広いから交通量が多いとは限らないのだ。またこの著者は、女性は太い通路からすら感情があふれてパニックになりやすい、などと言う。しかし、この理屈で行けば、通路がより細い男性のほうが、もっとパニックになりやすいはずだ。

差異を再確認したがる欲望

このような、情報的価値が高いとは言えない本が六〇〇万部ものベストセラーになる事実は、この本をめぐる人々の欲望がいかなるものであるかを知るうえで役に立つ。人々が求めているのは、性差にまつわるさまざまなエピソードの断片なのだ。彼らが欲するのは、差異の本質を知ることではない。そうではなくて、差異の再確認であり、脳科学にせよ心理学にせよ、その差異を固定してくれる安定した「答え」なのだ。

それが何かの役に立つのか？　それ自体が「役に立つ」。男女の性差にまつわるエピソードは、世代も地域も越えた「あるあるネタ」のようなものだ。われわれはそこで「差異の同一性」を繰り返し確認し、そこから何がしかの安心を得たいと考えているのだ。僕はこれを「再帰性の快」と呼んでいる。

ある種のコミュニケーションは、情報量が少ないほど、言い換えるなら冗長性が高いほど快楽が増す。「男ってこうだよね」「女ってこうなのよ」というやりとりは、微に入り細をうがつような「同一性の確認」の快楽でできている。男女格差本が売れるわけだ。

しかし皮肉を言ってばかりもいられない。この種の「再帰性の快」が、第一章でふれた保守派やバックラッシュ勢力による扇動にも応用されやすいことは、容易に想像がつくだろう。つまりここにも、「ジェンダーを語ること」が必然的にはらんでしまう政治性があるのだ。

閑話休題、さらにねちっこく「検証」を進めていこう。

この本では、これはまあ案の定と言うべきか、右脳・左脳論も大々的に取り上げられている。

「一九六二年、神経生物学者ロジャー・スペリーは、大脳皮質の働きが左右でちがうことを突きとめ、ノーベル生理学医学賞を受賞した。創造的な脳とも言うべき右半球は左半身を担当していて、また左半球は右半身の面倒を見るほかにも、論理、推理、発話をつかさどる。言語や語彙を蓄積しておくのは、とくに男では左脳のほうで、視覚情報をためたり、管理するのは右脳の仕事だ」

右脳・左脳論は、この種の疑似科学本ではしばしば参照される非科学的俗説の典型である。本の中でこの説がもっともらしく紹介されていたら、その瞬間にその本をトンデモ本認定してしまって差し支えないほどだ。

ロジャー・スペリーの分離脳研究は、てんかん治療のために脳梁を切断した患者に関するもので、二つの脳半球がそれぞれ独立した意識を持っていることを実証したものだが、それはこの俗説とはあまり関係がない。

右脳・左脳論は、男性と女性の能力差の説明として、しばしば引き合いに出される。いまだに多くの人々が「イメージと直観の右脳、言語と論理の左脳」という俗説を信じているため、ジェンダーと関連づけて説得するにはうってつけの論理なのだ。新しい知識は、すでに知っている知識と関連づけられたときに「わかった！」という感覚をもたらしやすい。こちらは言うなれば「関連づけの快」である。

そもそも脳局在論については、はっきり特定されているものは言語野くらいしか存在しないのである。しかも言語野は、常に左半球にあるとは限らない。利き手との関係で、左利きの人の場合は右半球に言語野がある場合も多いのだ。

その言語野に関しても、この本の主張は間違いだらけである。

性差を扱った本では、なぜかしばしば、男よりも女のほうがおしゃべりで、その理由は女のほうが言語中枢が発達しているから、とされている。こうした主張をする人たちは、作家や批評家のような言葉を扱う職業において、一般に男性のほうが多いという事実をどうみるのだろうか。なかでも、もっとも厳密に言葉を扱うと考えられる哲学者に、なぜか女性がほとんどいないという事実もある。

その一方で、「右脳が発達している男性」は、女性よりも「空間把握力」がすぐれているとされている。しかし、そもそも男性が女性よりも右半球が発達していることを示す医学的根拠は存在しない。空間把握力については、脳の構造よりも学習による能力差が大きいという可能性を否定できない。終章でもふれるように、現時点で言えることは、男性と女性とでは空間のとらえ方が異なっている、という可能性までなのである。

一般に男女差本は、まっさきに「言語能力」と「空間把握力」の性差について、あたかも証明済みであるかのように断定的にふれたがる。女性は言語能力が男性より高く、空間把握力は男性のほうが高い。なるほど、こうした指摘はわれわれの「実感」にはなんとなく一致する。少なくとも血液型と性格の関係程度にはうなずけるものがある。

しかし、本当にそうなのだろうか。実はこの能力差は、統計的有意差をもって証明されたことはほとんどない。ここでも性差よりは個人差のほうがはるかに大きいのである。

また、仮にこうした能力に性差があったとしても、それは後天的な学習の結果であり、繰り返し学習を重ねることで消失してしまう程度の違いでしかない。たしかに少年たちは、少女たち以上に「遊び」などを通じて空間把握力を高める機会に恵まれており、少女たちは少年たち以上に濃密なコミュニケーション環境に置かれるゆえに、言語能力を発達させやすくなるだろう。しかし、もし環境を変えてしまえば、これとは反対の結果になるであろうことは容易に予想できる。

「脳の性差」は証明されていない

みてきたように、ジェンダーと生物学的性差を結びつける試みには、しっかりした根拠をもたないものが実に多い。俗流脳科学本の多くがそうであるように、この領域は、数多くの調査研究が偏見を補強するためにねじまげられて引用されている。僕の知る限り、脳科学の最新の知見をもってしても、人間の社会的行動を直接に説明することはまだできない。にもかかわらず、この事実をきちんと語る専門家はほとんどいないのだ。

残念ながらいまのところ、こうした僕の不満に答えてくれる本は、まだ一冊しか見あたらない。

カトリーヌ・ヴィダルとドロテ・ブノワ＝ブロウエズによる『脳と性と能力』（集英社新

書、二〇〇七年）がそれだ。性差を論じた本として、僕にはきわめて刺激的な本だったのだが、案の定、それほど売れているわけではなさそうだ。僕がこの本を購入したのは、出版されてから約一年後だったが、まだ増刷もされていない。この事実から、人々が地味な真実よりも面白い偏見を常に選ぶのだ、と断定するのはゆきすぎかもしれないが。

この本の扱う領域は、まさに本章の内容と重なり合う。ジェンダーは科学的に証明できるのか？　そうした意図のもと、これまで提唱されてきたさまざまな「俗説」が、最新の科学的知見に基づいて、ひとつひとつ厳密に検証されている。

たとえば、先に引用した右脳・左脳論については、次のように一刀両断である。

「二つの脳説は過去のものだ。脳画像検査の最新データから見ると、この説は脳の働き方をあまりに短絡的に捉えている。実際には二つの半球は絶えざる交信状態にあり、一つとして個別に機能する部分がない」

「一つの機能はたった一つの領域によっておこなわれるわけでは決してなく、むしろネットワークで連結された領域のまとまりによっておこなわれるのだ」

脳画像の進歩によって、すでにおびただしい研究が蓄積されているが、脳については個体間の相違が大きいため、男女間の働きの違いはむしろ認識されにくい。この本によれば、この種の研究はすでに一〇〇〇件ほどの蓄積があるが、その中で男女間の違いがはっきり示された研究はわずか一〇件ほどであったという。

その中でもイェール大学のグループが一九九五年の「ネイチャー」誌に掲載した論文は、マスメディアによって「性差が科学的に根拠づけられた」と大きく報道された。男女の言語能力の差を説明すると考えられたこの研究は、執筆者たちの意図を越えて、性差の科学的根拠としてたびたび引用されることになったのだ。

しかし実際には、この研究結果が男女が違う脳を持っていることを証明するわけではないようだ。実は、生殖機能を制御する部分を除いて、脳そのものにあきらかな性差が存在すると証明されたことは、これまで一度もないのだ。この「事実」に驚かねばならないほど、われわれは「脳の性差」幻想に慣らされすぎてはいなかっただろうか。

もちろん、あの「脳梁」も例外ではない。

多くの本において、「脳梁」は女性のほうが太いことになっている。それゆえ女性は男性とは異なり、二つ以上の仕事を同時に進められるし、感情的になりやすいとされてもいる。しかしヴィダルらによれば、驚くべきことに、この「脳梁問題」も根拠が薄弱なのである。考えてみれば当たり前のことだが、脳梁の太さは、そこを通っている神経繊維の数とは関係がない。また一九八〇年代以降に発表された文献で、この点がはっきりと証明された研究はひとつもないという。

ホルモンの力とは？

なるほど、脳そのものに男女で大きな違いがないというのはわかった。しかし、ホルモンはどうか。人間の性別は、性ホルモンの作用によって決定づけられる。この点についてなら、さすがに性のありようを指摘できるのではないだろうか。

他の動物と同じように、人間の性の発達における性ホルモンの作用には決定的なものがある。とりわけ胎児の性が分化する時期と、思春期における二次性徴が発現する時期において、性ホルモンは大きな影響を及ぼす。

胎児においては、少なくとも受精後六週間は、身体的な性別は認められない。違いはただ染色体の種類だけである。六週間が過ぎると、Y染色体を持つ胎児には精巣が生ずる。持たなければ卵巣が生ずる。精巣は男性ホルモン（テストステロン）を分泌し、その作用によってペニスや陰嚢などの男性生殖器が形成される。つまり、人間の基本形は「女性」であり、たまたまそこに男性ホルモンが作用することで、そこから「男性」が分化するのだ。「創世記」とは順番が逆、というわけである。もちろんこの事実には何ら象徴的な意味はない。

逆に言えば、ここにおいて問題が生じると、ジェンダーのありようも変わってくるということになる。たとえば染色体は男性（XY）なのに、外見は女性ということが起こりうる。アンドロゲン不応症候群（androgen insensitivity syndrome）と呼ばれる疾患がそれだ。この疾患、かつては睾丸女性化症候群（testicular feminization syndrome）と呼ばれていたが、当事者への配慮から名前が変わったという経緯を持っている。

この疾患の事例は、XYの性染色体を持つにもかかわらず、身体がアンドロゲン＝男性ホルモンを受容しない＝反応しないため、男性化が起こらない。つまり精巣を持ってはいるけれど、外見は女性になってしまうのだ。生殖器をはじめとして、脳もホルモンの影響を受けるとされているため、この患者さんは染色体は男性でも、脳を含む身体は女性ということになる。第四章でも述べるように、僕も研修医時代にこの病気の患者さんに会ったことがあるけれど、印象だけなら、どこからどうみても完璧に女性だった記憶がある。

この事実からわかることは、ジェンダーを決定づける因子が本当に複雑であるということだ。少なくともジェンダーは、染色体、性ホルモン、身体、脳、心理、社会の階層ごとに決定要因を持っている。言い換えるなら、それぞれの階層間で、不一致や齟齬《そご》が起こりやすい、ということだ。

そういうわけで、性ホルモンの機能についても、それだけではジェンダーを説明するうえで十分とは言えない、ということになる。

これは考えてみれば当然のことだ。人間はすべての哺乳類のなかで、唯一発情期がない動物である。つまり、ホルモンの状態いかんにかかわらず、年中性行為が可能なのだ。この事実ひとつとっても、人間の性行動はもはや動物的な欲求という次元を超えたものであることがわかるだろう。

だから、人間の性欲は生殖能力を失った後でも残る。生殖器を切除した宦官《かんがん》にも性欲があり、睾丸のみ切除の場合は性行為も可能だったと言われているが、それも当然のことである。

このような歴然とした事実があるにもかかわらず、男と女の行動原理の違いを、性ホルモンの働きだけで説明しようとする議論が後を絶たない。そうした本の著者には、現役の医師なども含まれているため、いっけん信憑性《しんぴょうせい》があるようにもみえる。しかし、性ホルモンで一義的に決定づけられるほど、人間の行動は単純なものではない。そもそも性ホルモンは肝心の性行動すら支配できていないのだ。まして、それ以外の行動に与える影響など、推して知るべしである。

たとえば空間把握力について、ホルモン濃度による差がみられたという研究結果は複数報告されている。しかし、その関係は単純なものではない。男性ホルモン濃度が低い男性のほうが、高い男性よりもその能力が高いというデータもある。よって、少なくともこれらの研究結果を信ずるならば、男性ホルモン濃度が高い個人ほど空間把握力が優れていると簡単に結論づけることはできないのだ。

もちろんヴィダルらも、こうした仮説には否定的な立場を取る。人間の性行動とホルモンは何の関係もない、というのだ。彼女たちの結論はまたしても明快きわまりない。「パートナーの選択にホルモンはまったく関係していない。同性愛者はホルモンに何の問題も抱えていない。性犯罪者はテストステロンの血中量が多いわけではない」。

ここで同性愛者が例にあげられていることに注目しよう。

一九九三年、ゲイの遺伝子が発見された、というニュースが、大きく報道された。アメリカの国立癌研究所のディーン・ヘイマーらのチームが同性愛遺伝子を発見したと「サイエンス」誌上で報告したのである。その遺伝子は「X染色体の長腕部位の28」に存在するとされた。ちなみにヘイマーには『遺伝子があなたをそうさせる――喫煙からダイエットまで』（草思社、二〇〇二年）という著書もある。

同性愛の遺伝的要因については、双生児研究にも、これを支持するデータがある。遺伝子がまったく同じ一卵性双生児では、二卵性双生児や普通の兄弟と比べて、二人とも同性愛者である確率が有意に高いのだ。この結果は、同性愛に遺伝的要因が絡んでいることを示すと同時に、遺伝子だけでは決定されないということも示唆している。

この研究結果は、当事者にとって「両刃の剣」だった。たしかに遺伝で決定づけられるならば、同性愛はもはや本人の罪とは言えなくなるし、むしろマイノリティの権利を主張しやすくなるという一面もある。しかしそれは同時に、「治療」の可能性を示唆する結果でもあるのだ。さらに言えば出生前診断でマイノリティ遺伝子を排除すべしという、優生学的な主張も可能になってしまう。

ヘイマーらが発見した「X染色体の長腕部位の28」の遺伝子については、一九九九年、カナダの研究チームによって正式に否定されている。つまり、もはや科学的には存在を否定された遺伝子なのである。にもかかわらず人々は「同性愛遺伝子が発見された」というニュースだけを記憶しており、「同性愛遺伝子が否定された」というニュースはその存在すら知らない。つまりここにも、ジェンダーを固定的なものとして理解したい人々の欲望と、その欲望に迎合するメディアの偏向という問題がみてとれる。

とはいえ、議論は慎重に進めよう。たしかにゲイ遺伝子の存在は否定された。しかし、双生児研究が示唆するところによれば、遺伝的要因がまったく関与しない、とまでは言えない。つまり、同性愛もまた、ほかのあらゆるジェンダーがそうであるように、遺伝的な要因に環境要因や自己選択など複数の要因が関わっているということになる。

僕はジェンダーを生物学だけに還元することには反対だけれど、ジェンダーを決定づけるうえでは生物学的要素もきわめて重要な意味を持つとは考えている。ここでジェンダーという言葉を「人間の行動」に置き換えても同じことだ。僕が疑問を呈しているのは、あくまでも生物学だけに基づいた決定論であり、ジェンダーのありようを脳やホルモンのありようと単純な因果関係で結びつける議論に対して、である。言い換えるなら、人間の行動にホルモンは確実に影響を及ぼしているが、その影響関係は一義的には決まらない。理由は個人差が大きいこと、ならびにホルモンが行動を決定するうえで作用する、多様な要因のひとつでしかないこと、などである。

女性はY染色体が欠けている「足りない性」？

僕のみるところ、男女の生物学的性差を決定論的に受け入れたい、という欲望の基本には、やはり染色体の違いという事実があるように思われる。

ヴィダルらによれば、これは伝統的に女性が「足りない性」とみなされてきた経緯と関係があるという。それでは、何が欠けているか？　言うまでもなく、あの素晴らしい「Y染色体」が欠けているのである。男性が優位な性である理由の多くは、この「Y染色体」の作用による、というのが彼らの主張だ。

前にも述べたとおり、生物としての人間のデフォルトの性別は「女性」である。ここに性ホルモンの作用が加わることで、人間は男性化するのである。しかしだからといって、この事実は、イブに肋骨《ろっこつ》（＝Y染色体）を一本追加してアダムが作られたということを意味するわけではない。

このような科学的事実にもかかわらず、いまだに「Y染色体」信仰は生きている。その典型が、第一章でも触れた八木秀次氏の議論だ。彼はひところ盛んだった女帝容認論に、遺伝学的視点から徹底反駁《はんばく》をこころみている（『「女性天皇容認論」を排す』清流出版、二〇〇四年）。その論旨は、天皇制が本質的にはらんでいる差別の構造を如実に示した「症状」として、いまなお検討にあたいするものだ。

女系とは何か、といった煩雑な議論はひとまず措《お》こう。八木氏の主張はごくシンプルなものだ。男系には価値がある。なぜなら「男系」とは男性の性染色体である「Y染色体」の継承を意味するからだ。

どういうことか。男性の性染色体はXY、女性の性染色体はXXである。X染色体は男女共通なので、生殖によって染色体に含まれる遺伝子が男女間で交換される。しかしY染色体は男性特有であり、それゆえ遺伝子の交換が起こらず、男子にのみそのままの形で受け継がれる。よって女系、すなわち女帝の生んだ男子が皇位を継承するということは、この神武天皇以来の「Yの系譜」を切断する暴挙にほかならない。よって天皇家は男系で維持されるべきである。

以上が八木氏の立論である。

僕のみるところ、この議論には、少なくとも三つの点で問題がある。

まず、この議論においては「Y染色体にどんな価値があるか」がいっさい問われていない。これは当然で、実はY染色体がどんな機能を担っているかは、きわめて曖昧なのである。もともとY染色体は、有用な遺伝情報をあまり多く含まず、ガラクタ置き場とまで言われるほどなのだ。

さらに「不変のまま受け継がれる」という点についても、疑わしい点は多々ある。最近の知見として、Y染色体の一部が、X染色体と遺伝子の交換を行っていることがわかっている。また、Y染色体の中でも、遺伝情報の組み換えが起こっている。つまり、Y染色体も、X染色体ほどではないが遺伝情報を変化させ続けているのだ。それゆえ「不変のまま受け継がれる」というのは事実ではない。

また、仮に不変であるとしたら、それはそれで困ったことになる。なぜならその場合、神武天皇すらも、すべての男性の起源と言われる、六万年前にアフリカで生きていた一人の男性（アダム）と「Y」を共有する子孫ということになってしまう。これは論理的必然というものである。

逆に、神武以来の「Yの系譜」は、現代日本に生きる数千万人の男性に「そのまま」受け継がれていることも意味している（チンギス・ハーンのY染色体を受け継いだ男性は、現在一六〇〇万人ほどいるという）。こうした「Yのハイパーインフレーション」は、天皇制そのものの価値を無効化してしまいかねない。

みてきたとおり、男系＝Y染色体の系譜仮説は、生物学的にも論理的にもはっきりと破綻している。このような仮説が一時期は生物学者をも含む多くの識者によって支持されたという事実は、しっかりと記憶に留めておこう。問題は知識や知能の多寡ではなくて、いかに性差別がスタイルを変えて生き延びるか、という事実のほうにある。

ジェンダーは進化する？

生物学的な根拠づけについてはこれまで述べてきたとおりだ。しかしもうひとつ、検討しておくべき分野がある。それが「進化心理学」だ。

進化心理学とは、人間の心理メカニズムを生物学的適応という側面から説明しようとところみる学問である。心理学、社会学、生物学といった、さまざまな領域がかかわる、すぐれて学際的な学問領域として、最近注目されているらしい。

ある心理メカニズムが生存や繁殖など個体の適応戦略上有利に働くなら、そのメカニズムを持つ個体が適者生存の原理によって生き延び、その結果その心理メカニズムも種全体に広がっていく。これが進化心理学の基本的発想だ。

この種の議論では、人間の心理に淘汰圧が働くのは、おおむね先史時代ということになる。そう、男たちは狩猟をし、女たちは育児に励んでいたとされるあの時代である。男と女の違いの基本形が、この時期に形成されたとする議論は数多いし、先ほど批判した『話を聞かない男~』でも、こうした発想が繰り返し登場する。たとえば男性の空間把握力が優れているのは獲物の追跡や捕獲に有利だからだし、女性は育児や家事にいそしむ結果として、言語能力を発達させていった、ということになる。

これはなかなか説得力のある議論だが、すでに多くの批判もある。

まず「適応」が人間の心理にとってもっとも重要なことかどうか、という問題がある。僕自身、個人の心理が社会と密接な関係にあることを認めるにはやぶさかではない。しかしその関係は、ひたすら「適応」を目指すような単純な関係であるとはどうしても思えない。

さらに言えば、この種の説明は、利己的遺伝子をめぐる議論と同じで、常に「後付け」の説明に終始している印象がある。

たとえば「ひきこもり」という現象がある。これをただちに適応的行動とみなす人は誰もいないだろう。しかし進化心理学的立場に立てば、「ひきこもり」がいかに適応的な行動であるかを説明できてしまう。ちょうど最近（二〇〇九年）、新型インフルエンザが大流行し始めたばかりだが、パンデミックな感染症の流行に際しては、家から一歩も出ないことこそが、サバイバルのための最良の選択にほかならない、というように。

要するに問題のひとつは「適応」という言葉の使い方なのだ。

現代の人間に「生の欲動」と「死の欲動」の矛盾する二つの欲動があるとして（僕はあると考えているが）、そのいずれもが「適応」を説明可能にする。「生の欲動」については説明するまでもないだろう。ならば「死の欲動」は？　こちらも説明可能だ。心理的葛藤に弱い個体が自殺によって淘汰されることで、集団全体が病理におかされずに生き延びることができる、といった具合に。

僕が言いたいのは「個体の生存」だけならまだしも、「種の存続」を持ち出されると、どんな矛盾した行動もすべて説明可能になってしまう、ということだ。それすらも「適応」と呼ぶのなら、非適応的な心理とは何か、もはやわからなくなってしまうだろう。

もちろんヴィダルらも、この種の議論に対しても批判的だ。

彼女たちが指摘する最大の問題は、先史時代の社会生活について、あまりにも手がかりが少なすぎるという点である。果たしてわれわれの先祖は本当に「男は狩猟、女は子育て」といった分業体制をとっていたのか。確たる証拠は何もない。実はこの分業イメージは、現代のジェンダーのありように基づく憶測でしかないのだ。むしろ女性が狩りや戦いに参加していた可能性を示唆する発掘資料も存在する。

それゆえヴィダルらは、次のように結論づける。

「男女間の不平等は自然の生物学的序列で説明がつくと主張することは、歴史を無視し、現実を否定することにもなる。人間の思考こそが解釈体系、象徴行為を構築したのであり、男性の女性に対する優越性を組織し、法的なものとする方法になったのだ」と。

断るまでもないが、ヴィダルらの議論が最終回答というわけではない。ジェンダーの生物学的な基盤があり得ないと言いたいわけでもない。ただ、ジェンダーと生物学との関係は、一般向けの男女格差本が主張する以上に、もう少し複雑である。その複雑な関係をイメージしておくためにも、彼女たちのわかりやすく明快な主張は、もう少し広く読まれてもいいように思うのだ。

第三章　すべての結婚はなぜ不幸なのか

非婚化はなぜ進行したか

ある意味で、ジェンダーの違いがもっともするどく問題化しやすいのは、結婚生活において、と言えるかもしれない。

第一章でも述べてきたように、制度上の男女差は、できるかぎり小さいものであることが望ましい。しかし、異性がたがいに他者であるという事実は残ってしまう。むしろ、男女平等が形式的に徹底されればされるほど、事実としての他者性がきわだってしまいかねない。繰り返しになるけれど、僕が本書を書いているのは、その他者性を絶対化したり固定化したりしないためである。

現在、若者たちの間で、急速に非婚化が進んでいる。

二〇〇五年の統計では、男性三〇歳代前半で未婚率が五割に近づき、女性二〇歳代後半の未婚率も約六割になっている。ちなみに社会学者の山田昌弘氏が命名した「パラサイト・シングル」の人口は現在一一〇〇万人であるという。ピーク時は一二〇〇万人だったから、これは一〇〇万人がめでたく結婚したということなのだろうか？　そうではない。パラサイトの定義は、上限三四歳までである。消えた一〇〇万人は、おそらくその大半が、独身のまま三五歳を迎えた可能性が高いのだ。

それではなぜ若者たちは、結婚から逃走しはじめたのだろうか。

さまざまな説があって一概には言えない。いま僕に言いうることは、かつては当然のように結婚することが一人前とみなされた社会があった、ということだ。別の言い方をすれば、ある年齢を過ぎても独身で居続ける大人は、現代以上に一人前扱いされないという世界がかつてあった、ということだ。

後期近代にいたって、就労も結婚も、もはや「自明の前提」ではなくなった。「結婚（就労）するのが当然」の社会から「結婚（就労）は本人の意志次第」という社会への移行によって、結婚は内省と選択の問題となったのだ。

おそらく結婚からの逃走は、若者がそれを自らの意志で選択したことで起こっているとは思えない。多くの若者が「結婚などくだらない」と考えはじめた、というわけではないのだ。非婚化傾向の端緒は、あくまでも結婚にたいして「選択の余地」が導入されたことによるのだろう。ある種の自由は、かえって人々を不自由にする。これはそういう逆説ではないか。

かくして、性愛と家族との間には、後戻りできない断層がもたらされたのである。

選択の余地が生まれれば、若者は結婚しなくなる。これは不可解な現象とみるべきだろうか。しかし僕は、かつて「人はなぜ結婚するのだろうか」という疑問を呈したことがある。

少なくとも「個人」のがわから見た場合、「結婚」ほど理不尽な行為はそう多くない。「ロマンティック・ラブ」という、非合理的でしばしば虚偽ですらある感情を中心に、生活のすべてが制度的に構築される。そもそも赤の他人である異性と生活を共にするというストレスフルな経験が、「愛」の名において強引に肯定される過程自体が不条理なのだ。これは要するに、合理性が非合理性のために奉仕させられるシステムというわけで、どう考えても無理がある。しかし経験則がこれほど活かされない領域も珍しい。人々は、いや、われわれは、夥《おびただ》しいリアルな失敗例を目の当たりにしながら、同じ失敗を飽きもせずに反復してきた。「成功例」はほんのわずかか、CMやドラマの中の仮想的なものでしかないにもかかわらず、である。つまり結婚に関しては、なぜか「学習」が成立しないのだ。

(『家族の痕跡』筑摩書房、二〇〇六年)

それでは若者たちは、ついに先行世代の失敗に学びはじめたのだろうか。なるほど、学ぶべき知恵は数多くある。ここは僕などが何か言うよりも、まずはおびただしい数の先人たちの嘆きに耳を傾けてみよう。

・ウェディングケーキはこの世でもっとも危険な食べ物である。（アメリカの諺）
・あらゆる人智の中で結婚に関する知識が一番遅れている。（バルザック）
・正しい結婚の基礎は相互の誤解にある。（ワイルド）
・すべての悲劇というものは死によって終わり、すべての人生劇は結婚をもって終わる。（バイロン）
・夫が妻にとって大事なのは、ただ夫が留守の時だけである。（ドストエフスキー）
・正しい結婚生活を送るのはよい。しかし、それよりもさらによいのは、全然結婚をしないことだ。そういうことのできる人はまれにしかいない。が、そういうことのできる人は実に幸せだ。（トルストイ）
・結婚――いかなる羅針盤もかつて航路を発見したことのない荒海。（ハイネ）
・結婚をしばしば宝くじにたとえるが、それは誤りだ。宝くじなら当たることもあるのだから。（バーナード・ショウ）
・結婚したまえ、君は後悔するだろう。結婚しないでいたまえ、君は後悔するだろう。（キルケゴール）
・三週間互いに研究しあい、三ヵ月間愛し合い、三年間喧嘩をし、三〇年間我慢しあ

う。そして子供たちが同じことをまた始める。（テーヌ）
・人間は判断力の欠如によって結婚し、忍耐力の欠如によって離婚し、記憶力の欠如によって再婚する。（アルマン・サラクルー）
・孤独が怖ければ結婚するな。（チェーホフ）
・よい結婚はあるけれども、楽しい結婚はめったにない。（ラ・ロシュフコー）
・結婚は、多くの短い愚行を終わらせる。ひとつの長い愚鈍として。（ニーチェ）
・人は間違った理由で結婚し、正しい理由で離婚する。（宮本美智子）
・結婚は、ほとんどすべての人が歓迎する悪である。（メナンドロス）

もしあなたが既婚者だったとして、これらの言葉をどう聞いただろうか。思わず共感と同情のため息をもらし、深くうなずいたのではないだろうか。

ではあなたが未婚者なら？「そういうのは昔の話でしょ？　時代も違うし僕らはもっとアタマいいからカンケーないし、ていうか格言とかウザくね？」みたいな反応だっただろうか？

これだけ情報流通のしきいが低い現代にあっても、どういうわけか結婚に関する知恵だけは遅れたまま、共有されないようにみえる。たしかに非婚化は進行しつつあるけれど、これはフリーターやニートと同様の構造で、「したくても機会がない」人がそうとう含まれている。

じゃあ、そういう自分はどう思っているのか？　そう、こういう話をあんまり他人事みたいにされるのは、不誠実のそしりをまぬがれない。僕はかつて一度の離婚を経験し、その二年後に再婚して、千葉に住みながら週末は茨城に通う、という事実婚状態にある。最初の結婚は一〇年間続いたけれど、上に引用した名言の数々には、個人的にいちいち深くうなずくところが多かったと言えば、どういうものだったかは語らずともわかってもらえるだろう。

それじゃあなぜしょうこりもなく再婚したのか？　もちろん一度目の失敗を経て、ずっと賢くなったからだ。というか、賢くなったつもりにはなれたからだ。

おそらく結婚がいまだまとっている光輝（のごときもの）は、生涯の伴侶という契約関係を結ぶにたるような性愛関係にみてとれる、偶有性ゆえかもしれない。関係の偶有性は、「運命的出会い」のような形で希少価値を帯びやすい。幸か不幸か、現代にあってもなお、偶有性は合理的判断を越えることがあるのだろう。

加えて、いわゆる「勝ち組」イメージの成立には、なんといっても「夫婦であること」が、「子を持つこと」や「大型犬を飼う」とか以上に重要な条件となる。つまり、ほとんどの人が合意可能な「完全な人生」のありようとして、「結婚」はいまだ欠くべからざる条件なのだ。

そして人は、自らのナルシシズムにかかわる「理想」については、けっして学習しない。理想については、誰もがいつでも「自分だけは例外」と考える。言い換えるなら、学習とは、それが自分の理想と抵触しない領域においてのみ起こりうる特異現象なのである。

このように、いまだ結婚そのものの価値は下落してしまったわけではない。政府や自治体も少子化対策という名目で、なんとか若者の非婚率を下げようと躍起になっている（ただ、そのやり口はあまりほめられたものではない。「結婚すればこんな良いことがある」という嘘くさい説得と「結婚しない人はこんなひどい目に遭う」という下品な恫喝《どうかつ》のセットであることが多いからだ）。

結婚を促進するような状況があるにもかかわらず非婚化が進行しているのは、先にも述べたとおり、やはり結婚にまつわる義務感や、世間的なプレッシャーが減ったことが一番大きいだろう。それが自由な選択の対象となるとき、逆説的にも「ためらい」の水位が高まってしまうということ。

先ほどふれた山田昌弘氏は、最近「婚活」という造語を流行《はや》らせたことでも知られている（山田昌弘、白河桃子『「婚活」時代』ディスカヴァー携書、二〇〇八年）。山田氏によれば、非婚化の原因は、結婚を巡る環境の変化であるという。とりわけ恋愛の自由化と価値観の多様化によって、見合い結婚や職場結婚が減少したとされる。つまり若い男女がなんとなく結婚に至り得ていたシステムが崩壊し、モテと非モテの格差が開いた結果、結婚するにも就職のような活動が必要になったのだ。

この「なんとなく結婚」という部分に、さきほどの「自明性」や「義務感」「プレッシャー」なども含まれていたのだろう。

実際、高度成長期あたりの結婚風景を今聞くと、その無造作っぷりに爽快感すら覚えることがある。友人から娘の結婚を相談された会社役員が、独身の部下を適当にみつくろってめあわせる。そういうことが当たり前のようになされていた時代は、そう遠い過去ではない。「仲人」すら絶滅しつつある現代の若者から見れば、隔世の感を覚えるだろうが。

かつては「結婚」を可能にする対人ネットワークが充実していた。しかし現代の結婚は、ほとんど個人対個人のカップリングの成否にかかっている。こうした状況下では、ジェンダーの異質性もまた、ためらいの大きな要因になりはしないだろうか。非婚化という現象の水面下には、そうした要素が潜在してはいないか。

以下、その「異質性」について検討してみよう。

結婚生活における根源的なすれ違い

みてきたように、結婚とはこのうえなく理不尽な行為には違いない。それはけっして安定的な幸福を約束しないにもかかわらず、なぜかいまだに、絶対的な幸福のシンボルとして、ゆるぎない地位が確保されている。きちんと戸籍に登録されて家族となることは、「世間」的に承認されるためには、いまだ欠かせない手順である。

だから臨床家である僕のもとには、結婚によって不幸になった人と結婚できないことで不幸な人とが同じくらいの数やってくる。もっとも、幸福な人は精神科医なんかを訪ねようとは思わないだろうから、それはまあ仕方のないことだ。

この根本的すれ違いは、本書のタイトルでもあり基本的主張でもあるジェンダーの違いにおいてきわまる。つまり、結婚に「所有」を求める男と、「関係」を求める女との違い、ということだ。この「所有」と「関係」の対立は、結婚に限らず、いたるところに見出される。それゆえ男女が抱きがちな幻想の違いとしては、かなり普遍的なものと言えそうだ。要するに男女それぞれの「愛の形」がそのように異なっているということ。

もう少し具体的に述べてみよう。

女性は結婚を「新しい関係のはじまり」と考える。

男性は結婚を「性愛関係のひとつの帰結」と考える。ちょっとした傾向を、一般化しすぎと思われるだろうか。もちろん、いくらでも例外はありうるだろう。でも、この違いは、かなり決定的だと思う。僕だけは例外だなどというつもりはない。

夫婦関係を「釣った魚に餌はやらない」と表現する人がいる。ほぼ決まって男性だ。ここまで端的な表現はしないまでも、こういう心情は、多かれ少なかれ、少なからぬ数の既婚男性に共有されていると思う。つまりこれが、「所有の発想」の典型なのだ。

いちいち解説するのも野暮だが、「釣った魚」とはもちろん妻のこと。つまり結婚という制度のもとで自分が所有している女のことだ。だから言い換えるなら、「この女を獲得するまでは、いろいろサービスしたりガマンしたりして大変だったけど、もうこの女は自分の所有物になったから、これ以上ムダなサービスはやめよう」ということだ。

性愛関係を所有として考えがちな男性にとって、結婚はいわば女性という牛に（失礼！）焼き印を押して、牧場の柵の中に囲い込んでしまうような行為だ。少々ほったらかしにしても、柵があるから、そう簡単に逃げられはしない。万が一逃げたとしても、焼き印が押してあるから誰も手が出せない。そう、焼き印が指輪で柵が家庭だ。

だから男たちは、遅かれ早かれ蜜月期間が過ぎてしまうと、しだいに夫婦関係のメンテナンスを怠るようになってしまう。それどころか、懸命にメンテナンスをしようとする妻の努力を無視したり、冷笑したりして相手にしなくなる。実はここには、男性の側の甘えがある。それは「いったん所有されてしまった女性は、所有者のことをけっして裏切らないだろう」という、およそ根拠のない確信だ。

さっき僕は、失礼を承知で、女性を牛にたとえた。いったん牛を所有した男性は、もっと多くの牛を持ちたいと考えるようになる。そう、所有原理は際限なくふくらんでいくという性質を持っている。女性との性愛関係は、男性にとってはそのまま「しとめた獲物の数」を意味するし、現在関係している女性の数は、「俺の囲いの中にいる牛の数」を意味している。その数が多いほど、男は自分の権勢を誇りに思うことができる。また実際に、他の男たちに誇ってみせもする。

伊藤整の昭和二九年（一九五四）のベストセラー『女性に関する十二章』（中央公論社）には、次のようなくだりがある。

男性における性の働きは、本来強烈で、撒布的で、積極的で、できるだけ多数の女性に働きかけるように作られているからです。これに反して、女性の性は受動的で、消極的で、一つの巣を安全に守り、そこに落ちついて子を育てるように出来ています。この事は多くの動物における両性の働きを見ても明らかです。もし男性におけるこのような積極性が失われ、男性が女性のように静かになり、受動的、受容的になったとすれば、それは男性的要素の欠乏で、去勢状態になったと言われるところのものです。

この、男性は遺伝子を散布して子孫を多く残す生物学的使命を負っているがゆえに、浮気性なのだとする所説はもうおなじみのものだ。しかし伊藤氏は、だからといって男性の浮気をおおっぴらに認めよ、とは主張しない。むしろ女性に対して、浮気をしない夫は、抑えがたい性の力と自責の念を必死にこらえているのだから、もっと感謝すべきだと言うのだ。作家としていちおうの良識を働かせたというところだろうが、どうしても言外にこめられたもののほうが、強く印象に残ってしまう。

それが伊藤氏の言うように「本能」なのかどうかはともかく、男性が女性以上に複数の異性との関係を求める傾向は、社会・文化的な違いを越えて普遍的なものと言ってよいだろう。

だから世界には、イスラム圏の一部のように、一夫多妻の例は多いけれど、一妻多夫という例はほとんどない。もし男女にとっての結婚観が平等だったら、一妻多夫の民族だって同じくらいあっていい。しかし、現実にそういう例は少ない。なぜだろうか。もちろんメリットが少ないという説はあって、一夫多妻なら妻の数だけ子供も増えるけれど、一妻多夫は夫の数だけ子供も増えるとは限らない。それに父親が誰だかわからなくなるなどの問題もある。

繁殖という点から考えるなら、一妻多夫よりも一夫多妻のほうが繁殖力が強いだろう。現に少子化対策として一夫多妻の復活を考えている人は驚くほど多い。しかしおそらく、一夫多妻制の復活はあり得ない。そうした関係性を許容できる女性は、もうほとんどいないからだ。

しかしひょっとしたら、こうした生殖の非対称性から「所有原理」と「関係原理」を進化論的に導き出せると考える人もいるかもしれない。繁殖のために男はより多くの女の「所有」を求める傾向があり、父親の血統を守り子を育てるため女は「関係」を大切にするのだ、といった具合に。

もちろん僕は、そのロジックに賛成できない。「進化」に固執する立場は、現代において「一夫一婦制」がもっとも優位になっている理由を、整合的に説明できないはずだからだ。繁殖力という点からみるなら、ロマンティック・ラブ・イデオロギーに基づく一夫一婦制はもっとも不利な制度なのだから。それは現代の少子化傾向をみれば一目瞭然である。やはり「所有原理」と「関係原理」の差異を、遺伝子や進化論だけで説明するのはそうとうに無理がある。

ちょっと話がそれた。今度は女性の「関係原理」の側からみてみよう。

女性は結婚を、新しい関係性のはじまりと考える。だからこそ、関係性のメンテナンスを大切にする。「うちの妻だけは違う」という声が数多くあがりそうだが、実は僕は、そういう声を疑わしいと考えている。

ちょっと僕の専門に話を戻そう。ひきこもりの子供を抱えた家族の相談で、心配そうにやってくるのはほとんど母親だ。父親がやってくるのは、たいがい母親に説き伏せられて、渋々連れてこられた場合くらいだ。まれに父親がひとりでやってくることもある。しかしそういうケースでも、よく話を聞いてみると、はじめは母親が熱心に頑張っていたのに、父親があまりに無関心なので、母親があきれて子育てから降りてしまい、ようやくあわてて父親が動き出した、ということが多い。つまり、熱心な母親と無関心な父親という組み合わせは、圧倒的に多いのである。

子供に対する態度も対照的だ。何につけ子供の問題に対しては責任を感じがちな母親に対して、父親は徹底して問題から逃げようとする傾向が強い。目の前で子供が不登校やひきこもり状態にあっても、すべて母親任せにして知らん顔を決め込むのである。中には「お前の育て方が悪い」などと妻を批判する父親も少なくない。「養育は母親の責任」と信じて疑わない姿勢の中にも、子育てに逃げ腰な父親の姿勢がかいま見える。

僕はここにも、所有原理と関係原理のすれ違いをみてしまう。

男にとっては妻子は所有物だ。自分の領地に囲い込んで、思い通りになっているうちは何も言うことはない。しかし、ひとたび妻子が所有される立場に甘んじることなく自己主張をはじめると、男たちのとる行動は決まっている。キレるか逃げるか、あるいはその両方か。ついでに言えば「ひたすら耐える」は典型的な「逃げ」行動のひとつである。

妻にしてみれば、子供の問題は関係の問題だ。コミュニケーションを通じて関係のありようを変えていくことで問題解決をはかりたいのに、夫は逃げてばかりいる。もちろん子供の危機を通じて関係を再構築できる家族もいるだろう。しかし多くの場合、子供の問題は、夫婦間の溝をいっそう広げてしまうようにも思えるのだ。

ここで多くの男性から「父親は外で働いて稼いでいることで妻子を養っているではないか。それでは不十分だとでも言うのか？」という反論が予想される。しかし残念ながら、僕は答えざるを得ない。「そう、それでは不十分です」と。「食わせてやるかわりに家庭を守れ」という、いっけん正当な取引にもみえる言い分は、夫婦関係に契約という所有の原理を一方的に持ち込んでしまっている。

かつては女性も、この所有原理を当然のこととして自分に納得させようとしていた。社会も世間もこうした「契約」の正当性を支持してきたからだ。おそらく「専業主婦」とは、この所有原理に基づく契約の発想にあわせて女性に強いられてきた生活形態なのだろう。その意味で、もうかなり「制度疲労」をきたしていると僕は考えている。あまりにも不幸な専業主婦ばかり診てきたせいかもしれないが、そろそろ限界が近いのではないか。関係原理を生きる女性にとって、「契約」のみの夫婦関係には、本質的な違和感が最後まで残るのだ。単なる経済的安定とひきかえに、セックスレスはおろか、会話も行動もともにすることのない夫婦関係が、契約だけで持ちこたえられた時代は終わりつつある。これからの夫婦関係には、契約だけではなく「関係性のメンテナンス」が必須となってゆくはずだ。

ジョークに見るすれ違い

こういうすれ違いは、わが国だけの問題なのだろうか。

もちろん、そんなことはない。結婚生活におけるすれ違いは、欧米でも格好のジョークのネタだ。

たとえば「オトコってこんなに単純」というタイトルのサイトから引用してみよう(http://www.laughitout.com/2009/03/men-are-just-simple-people.html)。日本人からすれば違和感を覚える項目もあるが、むしろ驚くほど共感可能なところが多い。
・お金……男は必要とあらば一ドルの品物に二ドルでも払う。女はたとえ必要でなくても、セール中なら二ドルの品物を一ドルで買う。
・洗面所……男は六つのものを置く。歯ブラシ、歯磨き粉、髭剃りクリーム、かみそり、石けん、タオル。女は平均三三七個のアイテムを置く。男はそのうち二〇個以上の用途がわからない。
・未来……女は結婚するまで、未来について思い悩んでいる。男は結婚するまで、未来を思いわずらうことはない。
・結婚……女は男が変わることを期待して結婚するが、男は変わらない。男は女に変わらないことを期待して結婚するが、女は変わってしまう。
・成功……成功した男とは、妻が浪費する以上に多く稼ぐ男のこと。成功した女とは、そんな男をゲットした女のこと。
・子供……女はわが子のすべてを知っている。歯科の予約、恋愛、親友、大好物、心に秘めた恐れ、希望、夢まで、あらゆることを知っている。男はなんとなく、小さい人間がいつも家にいるような感じを持っている。

こういうジョークはいくらでもあるので、笑って聞き流してもいい。しかしここには、人々がジェンダーについてどんなイメージを抱いているのかが、かなり誇張された形で表現されている。もちろんそれは幻想に過ぎないのだが、自分が抱いた幻想によってすら影響を受けるのが人間である。つまり、こんなたわいもないジョークにも、ジェンダーの基本原理を読み解く鍵がひそんでいるのだ。

それでは果たして、それぞれのジョークに、男と女を分ける行動原理の違いが読み取れるものだろうか。

たとえば所有原理で男が動くというなら、セールに反応するのは男のほうであっても良いはずだ。あるいは女性が洗面所に大量の化粧道具を置くのは、所有欲とどう違うのか。より多く所有している男を所有しようとする女こそは、究極の所有原理主義者ではないのか？

なるほど、表面的にはそう解釈することも可能だ。しかし、もう少し慎重に考えるなら、やはり根底にあるのは「所有」と「関係」の対立のように思える。順番に検討してみよう。

まず「お金」。所有が重要な男にとっては、金銭は所有のための手段でしかない。それゆえ、どうしても欲しいものについては金を惜しまない。もちろん金銭そのものが所有欲の対象となる場合もあるから、そうした場合は消費活動よりも収入と貯蓄の金額をひたすら増やすことが目的になることもありうる。

女は消費行動そのものに価値を見出す。商品そのものへの欲望以上に、消費行動における「お得感」に弱いのである。それゆえ「セール」「バーゲン」という言葉の響き方は、男と女でかなり異なっているはずだ。このとき女が価値を見出しているのは、品物を所有すること以上に、消費活動にまつわるさまざまな関係性のほうである。それはたとえば、売り手との関係で優位に立つこと、あるいは自分と同じものを買った友人よりも得をすること、などだ。

男女ともにありうるのは、消費そのものが自己目的化する場合で、これはいわゆる「誇示的消費」（ヴェブレン）にあたる。ただしこのとき、男の場合は高価な商品を購入する自分自身への自己愛が中心にある。つまり派手な消費活動をする自己イメージの所有が意味を持つ。いっぽう女の場合は、高い収入のあるパートナーとの関係性の誇示に比重がかかりやすい。

それでは「洗面所」の違いについてはどうか。ここでは身なりや化粧の問題が扱われている。一般に中年以上の男たちは、自分の外見に驚くほど無頓着だ。とりわけ結婚後はそうなりがちである。いっぽう女性は、ゴミ捨てに行くにも化粧をする。

男にとっての身だしなみは、マナー的なものをのぞけば、後は若い時期に異性をうまく獲得＝所有するための手段でしかない。だから結婚して女性を所有してしまったら、常識以上に身だしなみに気をつかうという発想は逆さにしても出てこなくなる。

しかし女性は違う。彼女たちは自らの身体性に、男よりもはるかに気をつかう。なぜだろうか。終章で詳しく検討するが、女にとって、関係性と身体性はほとんどイコールであるからだ。それゆえ異性に限らず、同性間の関係を維持するうえでも、外見の占める比重はきわめて大きいものになる。

ちょっと想像してみて欲しい。「身なりに構わないのに人望がある」という人は、女性と男性、どちらに多いか。おそらくこの条件は、女性よりも男性のほうがずっと容易にクリアできるはずだ。そう、ここにもジェンダー・バイアスがある。

「未来」と「結婚」についてみてみよう。先ほども述べたとおり、女は結婚を新たな関係の始まりととらえるので、そこに「よりよい変化」を期待する。結婚はそうした関係への希望を持てるかどうかの前提条件になるので、その条件をクリアできるまでは男性以上に強い不安を抱くことになる。

いっぽう男の希望は所有の希望である。結婚するまではどれだけの異性を所有しようと自由だ。それゆえ結婚は男にとって、異性を所有する行為の最終形態ということになる。それゆえ男は、結婚した後で、果たして自分はどこまでこの最終形態に満足できるのかという不安を抱え込む。異性に対して活発でない男性は、マニアやおたくとして、本やフィギュアなどの所有に励む。彼らにとっても結婚はひとつの節目だ。妻にいつコレクションを処分しろと言われるのかを考えれば、結婚で未来が不安になるのも当然だろう。

結婚した女にとって、結婚したての男は、まだ「未熟な夫」でしかない。その夫が自分との関係の中で「最高の夫」へと変化していくプロセスこそが、女の希望である。しかし男は逆だ。男にとっては結婚したばかりの妻こそが「最高の妻」なのである。性格的にも外見的にも。また、だからこそ男は結婚による所有欲の満足にしばし酔いしれる。それゆえ妻がいつまでも新婚当時のままであることを願う。しかし妻は変わっていくだろう。外見も性格も、そして「夫に対する忠誠度」までも。それは夫にとって、所有する株の価値がどんどん下落していくにひとしい恐怖である。

「成功」についての考え方の違い。おそらくこの項目は、かなり男性視点のアイロニーが含まれているため、女性の共感は呼びにくいかもしれない。

男にとって「異性の所有」は、彼が抱える所有欲のごく一部でしかない。トロフィーワイフという言葉があるように、成功した男性にとって、若く美しい妻はご褒美の賞品のようなものだ。モデルや女優が選ばれがちなのは、それが他人の所有欲や羨望をかき立てる記号としてわかりやすいからだ。

いっぽう女にとって「玉の輿《こし》」、すなわち「成功した男性との結婚」は、彼女自身の成功と同等かそれ以上の価値を持つ。それは女性個人の評価が、「彼女が所有しているもの」よりも「彼女が関係する相手」によってなされる傾向があるためである。

「子供」についての項目は、いささか手厳しい。さすがにここまで子供に無関心な父親は少ないものと信じたい。しかしほとんどの父親は、どれほど頑張っても母親と同レベルの注意を子供に向けることができない。もちろん多忙で不在がちである父親が、四六時中子供と一緒に過ごす母親にかなうわけがないという事情もある。

しかし、たとえ立場が逆転したとしても、父親が母親以上に繊細な配慮を子供に向けられるだろうか。おそらく僕は難しいと考えている。なぜなら「子供」もまた、男にとっては所有物のひとつでしかあり得ないからだ。女にとっての子供はしばしば、夫以上に濃密な関係の対象である。それは単なる所有を超えた、まるで自分の一部のような存在になりやすい。このあたりの事情については終章で少し詳しく述べる。

まして女性は、幼少期から相手に配慮したり共感したりする能力をずっと鍛えさせられている。つまり、主に後天的な要因によって、女性はあらかじめ親子関係のエキスパートなのである。それに比べれば、男性は結婚して子を持ってから、ひたすら学習を重ねるしかない。

このように、結婚生活におけるすれ違いの根底には、ジェンダーの差異がひそんでいる。すなわち男性の所有原理、女性の関係原理の違いである。これほどベクトルの異なった男と女が平和に共存していくためには、いずれかが一方的に抑圧に甘んずるような社会的規範が存在しなければ難しいだろう。

その意味で男尊女卑は、かつて社会的安定をもたらす規範として重要な意味を持っていたのだろう。保守派が男尊女卑的な傾向を持つことは、当然と言えば当然のことなのだ(左派の男尊女卑傾向はさらにひどい、という説もあるが)。しかしもはや、そうした意見が主流を占めることはあり得ない。かつて結婚制度をスムーズにしていた制度を取り払ってみたら、ジェンダーの差異に対するおびえや不安だけが残された、ということなのだろうか。それでも結婚の価値を模索しようというのなら、従来とは異なった価値観のもとで、一度結婚制度そのものを見直す必要があるのかもしれない。

第四章　食べ過ぎる女、ひきこもる男

ジェンダー・センシティブな医療

精神科の臨床でも、ジェンダーへの配慮は重要だ。患者さんへの対応においても、性差にはけっこう気をつかう。第一章で触れた「ジェンダー・センシティブ」という言葉は、最近になって治療の現場でもさかんに言われるようになっている。まだ、それほど一般的ではないが、女性専門の精神科外来も、このところ少しずつ増えてきているらしい。

配慮が必要なのは、患者さんのジェンダーだけではない。治療者のジェンダー、あるいは患者―治療者の関係におけるジェンダーの組み合わせ、治療スタッフ間のジェンダー、どれもけっこう重要な問題なのだ。

たとえば、患者と治療者のジェンダーが異なる場合、しばしば「転移」が問題となる。転移というのは、たとえば治療関係が擬似的な恋愛関係と取り違えられてしまうような状態を指す言葉だ。治療者が、イケメンの患者や美人の患者に告《コク》られたからといって、いちいち舞い上がっていたのではお話にならない。ここは冷静なプロ意識を持って、相手を傷つけないように距離を保ちながら、転移を治療に役立てていく姿勢が求められる。

もっとも、精神科以外では、患者と医師の結婚は時々あるようだ。教師と教え子の結婚と同様、そんなに驚くような話ではない。問題は、転移性恋愛がたいていは、かりそめの感情に過ぎないこと。普通は、治療関係が終わると恋愛感情も醒《さ》めてしまう。だから転移には要注意なのだ。治療関係におけるジェンダーの問題に鈍感なままでは、自分が陥っている転移関係を理解することもできない。

しかし、転移は精神分析という限られた領域にかかわる、いくぶん専門的な話だ。精神科とジェンダーについてなら、もっとベタでわかりやすい話がいくらでもある。

身体にはっきりと性差がある以上、病気にもさまざまな性差がある。子宮や卵巣など、生殖にかかわる女性特有の病気は婦人科が扱うし、男性特有の前立腺やインポテンツの問題は主に泌尿器科の領分だ。臓器ではなく染色体の差で言えば、血友病や色覚異常のように、性染色体が関係する疾患もある。

ならば、身体とは直接関係のない精神疾患はどうだろう。そこには果たして、歴然たる性差があるのだろうか？

結論から言えば、ある。ただし、それはナイーブな性差論者が言うような、脳の差が直接症状に反映するような問題ではない。脳そのものの病気には、男女どちらかに特有の疾患というものは存在しない。この一点をもってしても、脳の中には構造的な性差が存在しないであろうことが推測できる。もしかりに「男性脳にしかない構造」がありうるならば、その構造が障害されることで、男性特有の器質性疾患が生ずるはずだ。しかし繰り返すが、そんな疾患は存在しない。

〝男性脳〟で肉体は女性

ここで、僕が医学生時代に経験した、あるエピソードを紹介しよう。もう二〇年以上前に、ある病院で実習中だった時のことだ。婦人科を回っていて、たまたまアンドロゲン不応症候群（androgen insensitivity syndrome）のケースを担当したことがある。

無月経を訴えて婦人科を受診し、精査の結果、子宮や卵巣があるべき腹腔内に精巣がみつかった〝彼女〟は、気の毒にもまだその告知を受けていなかった。そして男性染色体と〝男性脳〟を持つ彼女は――飛び抜けた〝美少女〟だったことを差し引いても――どう見ても「完璧な女性」だったのだ。

これは僕の人生における一つの決定的体験となった。それ以来僕は、ジェンダーにまつわる一切の本質論的な議論を信用できなくなったのだ。染色体のありようとジェンダーのありようには決定的な隔たりがあるということを、これほどはっきり見せつけられては、そういう〝偏り〟が刷り込まれるのもやむを得まい。

ところで、僕はここで〝男性脳〟という表現をあえてした。これは脳を構成する神経細胞にY染色体が含まれる、というほどの意味である。

この症候群の患者さんは、XYの性染色体を持つにもかかわらず、自らが精巣（と副腎）から分泌する男性ホルモン（アンドロゲン）を受容することができない。男性ホルモンの刺激を受けとめられないということは、肉体は「女性型」になることを意味する。だからこの患者さんは、染色体は男性なのに、身体は女性の外見を持つことになるのだ。

「脳の性差」がありうるとしても、それは主として胎児期の、主に男性ホルモン刺激（＝受容）によって生ずる。ホルモンが生殖器に作用すれば男性器が発達し、脳に作用すれば「男性脳」になる。だから専門家に言わせれば、僕がみたケースは、本当は「女性脳」を持っていたということになる。女性脳を持っている以上は女性にみえるのは当然、というわけだ。

しかし、僕にはどうしても疑問が残る。どのようにして〝彼女〟の脳が女性脳であるかを証明するのか、という疑問。また、仮に脳の性差がありうるとしても、動物のレベルではホルモンの作用よりも遺伝子レベルで決定される脳の構造があることが知られている。そうなると〝彼女〟の脳には、男性と女性の両方の要素が存在することになってしまう。

男女の脳の性差を判定する際に空間把握能力が参照されることが多いらしいが、それはこの能力が一般に男性のほうが高いとされているためだ。アンドロゲン不応症候群の女性は、普通の女性よりさらにこの能力が低い傾向があるらしい。マウスを用いた実験でも、アンドロゲン受容レセプタを破壊したマウス、つまり人工的に作り出したアンドロゲン不応症候群の個体（遺伝的オス、外見的メス）の脳はオス型ではなくメス型に近いらしい。

ただし、ここで言う空間把握能力が本当に生まれつきのものであるかどうかはわからない。つまり、この能力が〝男性脳〟のせいなのか、あるいは男性として育てられたためなのか、厳密には決められないのだ。

いずれにせよ、このエピソードから言いうることは、ジェンダーを生物学のみに還元するような本質論は、このような極端な事例をもってしても、きわめて疑わしいということではないだろうか。

精神疾患とホルモンの関係

極端な例ということで言えば、やはり病気の話がわかりやすい。

人はジェンダーのいかんを問わず、心を病むことがある。心の問題である以上、男と女で重なり合う部分のほうが大きい。しかし、後で述べるように、身体が少しでも関係する疾患では、かなりジェンダーごとに頻度が異なる。

むしろ不思議なのは、身体的な原因がないにもかかわらず、はっきりと性差が認められる精神疾患がけっこう多いことだ。僕が男女の性差について、どちらかと言えば後天的に与えられる要素を重視しているのは、こうした臨床経験によっている。性差ということで僕が真っ先に思い浮かべるのは「性的倒錯」だ。かつては病的とみなされたり治療が試みられた時代もあったが、現代は倒錯イコール病気として扱われることはほとんどない。「治療」がなされうるのは、せいぜい常習的な性犯罪者の矯正くらいだろうか。だから今は、「クイア」とか「セクシュアル・マイノリティ」という言い方のほうが一般的だろう。それはともかく、この種の倒錯の問題は、ほぼ男性の問題とみなされる。

たとえば服装倒錯と呼ばれる嗜好がある。これは男性が女装するというパターンがもっとも多い。注目すべきなのは、一般にこのタイプの服装倒錯者は、同性愛者ではなく異性愛者であるということ。だから彼らの最大の楽しみは、女装した自らを鏡に映して自慰をすることであるという。もちろん女性が男装したっていいわけだが、こちらは一般に、その行為自体からは性的満足は得られないらしい。男装はむしろ、性同一性障害や同性愛などを実践するための手段として二次的に選ばれることが多いという。

あるいはフェティシズムと呼ばれる嗜好には、ものすごく多様なバリエーションがあるのだが、その愛好家はほとんどが男性だ。このほかにも、いまや唯一の矯正を要する倒錯となったペドフィリア（小児性愛）、ひらたく言えばロリコンの問題も、ほぼ男性限定だ。

たまに女性にも、小さな女の子をさらいたい衝動を覚える人がいるらしい。しかし、実際にこの種の性犯罪に手を染めるのは、ほぼ男性限定だろう。

じゃあレズビアンはどうなのかとか、マザコンやファザコンはヘンタイじゃないのかとか、この領域はデリケートな問題がいっぱいある。倒錯については、ジェンダーの本質に関わる問題でもあるので、終章でもう一度ふれることにする。

それでは、ほかの疾患の性差についてはどうだろうか。

小林聡幸氏は「精神障害の性差分布」（『精神科治療学』15巻9号、二〇〇〇年）という論文で、この問題について簡潔にまとめている。

それによると、精神遅滞やＡＤＨＤ（Attention Deficit/Hyperactivity Disorder：注意欠陥・多動性障害）、あるいは自閉性障害などの発達障害は、一般に男子が女子の一・五〜四倍ほど多い。統合失調症にははっきりした性差は認められないが、発症時期でみると、早い事例は男性が、遅い事例では女性が多い傾向がみられる。うつ病や不安障害では、一般に女性が男性の二倍近く多い。いわゆる対人恐怖は男性が女性の二倍ほど存在するいっぽう、摂食障害は女性が男性の約二〇倍も存在する。また人格障害については、いずれのタイプについても男性のほうがやや多いとされていた。

小林氏はこうした性差の原因について、ホルモンの作用を重視している。男性脳は男性ホルモンの影響下で分化するため、男子の脳は脆弱《ぜいじゃく》になりやすく、これが発達障害の多さにつながっている。そのいっぽうで、女性ホルモンの変動はストレス耐性を下げるために、女性にはうつや不安の問題が多いとされる。

ホルモンが関与する病気と言えば、このほかに心身症がある。心身症とは、心の葛藤が身体の症状として表現される病気のことだ。こちらも一部を除いては女性のほうに多い。過換気症候群や過敏性大腸症候群など、いずれも女性に多く、男性に多いのはせいぜい神経性胃炎くらいだ。こうした心身症に関しては、自律神経や女性ホルモンなどの影響がおそらく大きい。つまりジェンダーよりもセックスのからむ度合いが大きいように思われる。

ところで僕がいま関心があるのは、主として心に原因がある疾患における性差のほうだ。そのなりたちを知ることは、ジェンダーの本質的な違いを理解するうえでもおおいに役に立つと考えるからだ。

「ひきこもり」の性差

心因性の疾患は、広い意味では社会や文化の影響を大きく受けると考えられている。それがもし事実だとすれば、どういうことになるだろうか。少なくとも、性差と呼ばれるものが社会・文化的に構成されていることの、ひとつの強力な傍証にはなるだろう。

たとえば、そのまま「病気」とは言えないけれど、僕が専門とする「ひきこもり」にも性差がある。そう、圧倒的に男性が多いのだ。僕の著書『社会的ひきこもり』（PHP新書、一九九八年）で紹介した調査データでは、八割が男性だった。ほかにもひきこもりに関する統計データはいくつもあるが、どの調査でも全体の七〜八割を男性が占める結果になっている。もちろん臨床の現場でも、男性事例の相談がほとんどだ。

こうした性差の理由として、本来ならば、まず生物学的な要因を考慮しておくべきだろう。しかし今のところ、それをはっきり示すような報告はみあたらない。ひきこもりに発達障害が多く含まれているという説があって、さきほども述べたように発達障害は男性のほうが多いから、性差と関連づけるならこのあたりの影響をまず考慮すべきかもしれない。ただし僕は、ひきこもりと発達障害との関連性については、かなり慎重な立場を取っているので、この影響がそれほど大きいとは思えない。

ところで、ひきこもりとジェンダーの関係を社会・文化的要因から考えるなら、説明はむしろずっと簡単になる。要するに、日本社会がいまだに男尊女卑の抑圧構造を持つがゆえに、男性はひきこもらざるを得なくなる、ということだ。この説明は、もういろんなところで繰り返してきたので、ここではごく簡単に説明しておく。

儒教文化的な男尊女卑の構造のもとでは、かつてほどではないにしても、男子には「イエ」の担い手として、女子以上に「社会的成功」へのプレッシャーがかかってくる。そう、良い学校で良い成績をおさめ、良い大学を出て良い仕事につくこと。まずこうしたことへの期待が、すでに子供時代において男子のジェンダーに決定的な影響を与える。

それゆえ男子は、自分の価値が成績や仕事、あるいは職種や職場での役職などによって決まると思い込まされ、こうした価値へのこだわりが強くなる。言い換えるなら、ほとんどの男子は、自らの広い意味での社会的立場を、自信とアイデンティティのよりどころにするようになるのだ。

もっとも、この過程については国や文化によってそれほど差はないと僕は考えている。日本が特異だとすれば、個人が家から出て自己確立することを当然のこととは考えず、場合によってはむしろ「好ましからざること」と見なしている点だろう。

さて、「社会的立場」をごく広く考えるなら、家系や学歴、職種や役職はもちろんのこと、知識の多さや趣味嗜好の良さ、人脈の広さなどまでが含まれることになるだろう。これらはいずれも、「関係」よりは「獲得・所有」されるべき達成課題だ。特筆すべきは異性関係で、これがかなり優先順位の高い獲得目標であることに異論は少ないだろう。ここにまず男性の「所有原理」がはっきり反映させられている。

ところで、もちろん女子には女子で別のプレッシャーがあることを忘れるべきではない。このあたりの事情が、ジェンダーごとの時系列的なプレッシャーのありようを複雑なものにしている。

女子にかかるプレッシャーと言えば、やはりなんといっても「結婚」だろう。かつてほどではなくなりつつあるとはいえ、「適齢期」「行かず後家」「負け犬」などの言葉が現役である限りは、この種のプレッシャーも健在なのだから。

ある意味、この種の「プレッシャーの性差」が一番はっきりあらわれるのは、「浪人」においてかもしれない。それでは「結婚」と「浪人」に、どんな関係があるのだろうか？

大学受験浪人を何年も続けることを「多浪」と呼ぶらしいが、多浪するのはほぼ男子のみだ。この事実は、考えてみれば不可解である。別にいまの受験制度の中で、女の子が多浪したからといって、男子よりも特別に不利になるなどということはない。それではなぜ、女子は多浪を避けるのか。

おそらくこれもまた、「世間体」の問題なのだ。

さきほども述べたが、男子は社会的地位、とりわけ「良い職業＋良い結婚＋良い子孫」への期待度と重圧がことのほか高く、必然的に学歴が重視される。「大学入試」は、それまでの負債を一挙に返上する機会として理解されており、だからこそ良い大学に入るためには、数年程度のモラトリアム（浪人）はそれほど異常視されない。

女子において重視されるのは、どちらかと言えば最終学歴までの履歴のほうである。つまり「良い履歴」＝「良縁」への期待がいまだ残るためだ。それゆえ何年も多浪して良い大学に入るよりは、とりあえずそこそこの短大を出て就職し、結婚の機会をうかがって家庭に入る、というコースへの期待度が強い。

以上をまとめると、わが国における男子のモラトリアムは就労を前提として大学入学前に保証され、女子のモラトリアムは結婚を前提として大学卒業後に保証されている、ということになる。

とりわけ女子の場合は、仮にひきこもっていたとしても、しばらくは「家事手伝い」や「花嫁修業」という口実が使える。女子のひきこもり生活に、世間は優しい。これほど女性の社会進出が進んだ現代にあっても、こうした基本的感覚は、ほとんど変わっていないようだ。

いっぽう男子のひきこもり状態に向けられる視線は、学生でなくなった瞬間から一気にきつくなる。「単なる甘え」「怠けもの」「ごくつぶし」「親の顔が見たい」といった偏見は、当事者にとってすら、まだ完全に過去のものではない。残念ながら、こうしたプレッシャーをバネに社会参加できるケースはそれほど多くない。むしろ、あっさり潰れてしまって立ち直れなくなるほうが多いのだ。

このように世間からの偏見によってひきこもり状態からますます抜け出しにくくなるという経緯は、男子のほうに顕著だ。こうした偏見の構造そのものが、ひきこもりの性差をもたらした主たる要因だろう。

ひきこもりの治療経過においても、性差は如実に反映される。

いささか余談めくが、「自殺率」の性差について考えてみよう。

たとえばさきほども述べたように、男性に比べて女性のほうが二倍もうつ病になりやすい。しかし自殺率で比較すると、男性のほうが女性の三倍近くも自殺率が高いのだ。これは一見、理屈に合わない。自殺の原因としてうつ病が多いことはよく知られている。ならば、うつ病になりやすい女性のほうが、自殺率も高くなるはずではないか。なぜ、このような違いが生ずるのだろうか。

これについて僕はよく、男性は「立場」の生き物であり、女性は「関係」の生き物である、という言い方で説明する。男性は自分の立ち位置、つまり「立場」を所有していないと、けっして安心できない。これもまた所有原理のひとつの帰結だ。しかし女性は、男性ほど「立場」にこだわらない。女性は「関係」によって自分を支えようとする傾向が強いからだ。

リストラや失業によって「立場」を失った男性は、あっさり孤立化してしまう。孤立した男性は、誰にも相談できないまま、自分で自分を追い詰めてしまいやすいのだ。いっぽう女性は、うつ病になっても家族や友人などとの関係に支えられていることが多い。それゆえ、つらさや苦しさを周囲に訴えたり相談したりすることで、自殺までは追い詰められずに済む可能性が高い。このあたりの違いが、自殺率の違いに反映されていると僕は考えている。

同様に考えるなら、ひきこもり状態はまったく社会的立場をなくしてしまうことにほかならず、男性にとってはきわめてつらい状況であるだろう。しかし僕が考える解決策は、立場の回復よりもまず関係の回復を前提としている。いきなり就労を考えるよりは、まずデイケアや居場所（たまり場、自助グループなど）などで親密な仲間関係の回復を、というわけだ。これはそれなりに有効な方法なのだが、どうしても立場を先に考えてしまう男性が多いため、こうした治療になかなか乗ってもらえないことも多い。

女性はまずなによりも、社会的関係がまったく絶たれるような事態を避けようとするため、完全なひきこもりにはなりにくい。また、治療に際しても、男性よりは関係性の修復というコースに乗りやすいところがあるため、より改善しやすいということもある。つまりここにも、ひきこもりの性差をもたらす要因があるのだ。

その裏づけと言いうるかどうかわからないが、いったん女性が本格的にひきこもってしまうと、それはしばしば、男性以上に徹底したものになりがちであるように思われる。とりわけ母子関係における退行、すなわち「子供返り」の程度において、時として女性は男性以上に母子密着状況を求める傾向があるようにすら思う。こうした母娘関係の特殊性については、女性の生育過程に大きな意味を持つので、終章でもう一度くわしく検討しよう。

摂食障害

それでは、女性に多い精神疾患にはどんなものがあるだろうか。

すぐに思い浮かぶのは摂食障害だろう。

摂食障害のうち「神経性無食欲症（以下「拒食症」）」は、青年期女性の約一％、「神経性大食症（以下「過食症」）」は、同時期の女性の数％いると言われる。一般に、拒食症のほうは一〇代に多く、過食症は二〇歳前後に多くみられる。男女比では女性に圧倒的に多い病気で、いずれも女性が男性の一〇倍以上とされている。

いちおうの区別はあるけれど、拒食症と過食症は、それほどはっきりと分かれる疾患ではない。両方が一緒に現れたり、あるいは入れ替わったりすることもよくある。その原因として、遺伝、内分泌の異常、家族の病理、嗜癖《しへき》の問題、発達の問題、社会・文化的な背景など、さまざまなものが指摘されているが、決定的な原因はまだわかっていない。最近では虐待やトラウマとの関連性、あるいは女性のひきこもり事例に過食が伴いやすいなども言われている。

ダイエットがきっかけではじまることが多いことから考えても、摂食障害が女性に多いことは自然なことなのかもしれない。体重へのこだわりは、男性よりも女性のほうがずっと強いからだ。おかげでダイエット業界は、出版業界から怪しげな食品にいたるまで、一大市場を作り上げている。もっとも、新しいダイエット法が出て来るたびに、スーパーから納豆やバナナが消えたりするのは、もう勘弁してほしいのだが。

それではなぜ、女性はダイエットに走るのか。もちろん男性がダイエットをしないとは言わないが、あきらかにそこに懸ける熱意が違う。拒食症のように、体重減少そのものが自己目的化していくようなやせ方は、やはり女性のほうに圧倒的に多いのだ。

この違いは、いっけん当たり前のようで、簡単な説明がむずかしい。たしかに「やせているほうが異性にモテる」という事情はあるだろう。しかし、異性への魅力だけが理由なら、男性だって痩身の努力はするはずだ。

いまのところ男性は、太っているというだけで、いきなり社会的敗者あつかいはされない。肥満キャラとして知られる成功者の例も少なくない。しかし女性の場合は、太ってしまうことでこうむる損失が、男性よりもずっと大きい。肥満は女性の世俗的幸福のチャンスを決定的に遠ざける。少なくとも、そのように強く信じられている。いきおい「やせていること」への社会的プレッシャーは高まっていく。そういうプレッシャーが高いところに問題が生じやすいのはひきこもりと同じなのだ。

摂食障害がひきこもりと似ているのは、「やせ願望」が、世間の視線や同調圧力として、多くの女性に内面化されてしまっている、という点だ。女性がやせているかどうかを気にするのは、実は男性よりも女性からの視線ゆえである。

たとえば女子病棟で起こる若い患者同士のいろんなトラブルをみていると、同性からの視線がかなり大きな意味を持っていることがわかる。ほかの患者から外見のことを指摘されて険悪になる、というパターンが多いからだ。このタイプのトラブルは、男性患者同士ではほとんど起こらない。

しかし考えてみれば、これは当然のことかもしれない。外見への注意や配慮は、女性のほうが男性よりもずっと敏感なのだから。「面食い」とか言う割には、男性は女性の外見に驚くほど鈍感だ。彼女の服装や化粧、あるいはアクセサリーや髪型などにまでいつも目がいく男性は圧倒的に少数派だ。これでは顔と胸と尻しか見ていないと非難されても仕方がない。

化粧や服装のチェックなどは女性同士のほうがずっとシビアだ。女性だからこそ、そういう行為にかけられる手間を共感的に理解できるし、それゆえにこそ他の女性の外見を批判することもできる。こういう女性同士の「値踏みする視線」は、おそらく小学校高学年くらいからの女の子グループのなかでもうはじまっているはずだ。たとえば桐野夏生の小説『グロテスク』（文藝春秋、二〇〇三年）には、女性間の互いの容姿へと向けられた容赦ない視線のありようが、身も蓋もなく描かれていて興味深い。

もうひとつ、摂食障害とひきこもりには似たところがある。それは、本来の目的からどんどん離れて暴走をはじめてしまう、という点だ。

女性の摂食障害、とりわけ拒食症のケースでは、ほとんど骨と皮ばかりにやせこけてしまっているのに、「まだ肥りすぎです」と本気で訴える人が多い。ここまでくると、思い込みが妄想的なレベルにまで達していると言ってよいだろう。このとき彼女の身体イメージは、異性の視線はおろか、同性の視線も振り切ったいびつなものになっているのかもしれない。しかしその思い込みは、本当に妄想と片付けてしまえるものなのだろうか。

摂食障害という病気は、しばしば成熟拒否や「女性らしさ」の拒否として理解されてきた。ここでいう成熟とは、母性の拒否と考えることもできるので、その意味では「女性らしさ」とほぼ重なっている。

たしかに拒食症患者は、しばしばボーイッシュな外見を装いたがることもあるが、しかし「女性らしさ」の拒否がそのまま「男性らしさ」への接近につながるかと言えば、もちろんそうはならない。むしろ僕などは、拒食症に陥った女性患者に、ある種究極の「女性らしさ」を感ずることがある。どういうことだろうか。

「はじめに」で述べた「ヘテロセクシズム」の問題。異性愛主義、もしくは対《つい》幻想（吉本隆明）と言い換えてもいいが、その根源には「所有」の発想がある。もし対幻想が夫婦＝家族の起源であるのなら、なおのことだ。夫婦や家族というアイディアは、関係性の囲い込みという意味で、所有欲に親和性が高い。だから僕は、ヘテロセクシズムを基本的に男性のがわの幻想であると考えている。

拒食症の女性が拒否しているのは、こうした異性愛主義的な幻想を投影された、「女性らしい」身体ではないだろうか。つまり彼女は、対幻想が刻印された身体を拒否することによって、男性のがわから強要された幻想に抵抗しようとしているのではないか。ここで僕が言う「女性らしさ」とはつまり、「ヘテロセクシズムから自由な存在」という意味なのである。

「自傷行為」と「自己嫌悪」

摂食障害に限らず、女性の精神疾患には、身体性にかかわる症状を示すものが多い。たとえば、抜毛症（トリコチロマニア）という病気がある。無意識に髪の毛などを抜いてしまう病気で、激しい場合は頭皮が見えてしまうこともある。もちろん、事例のほとんどは女性だ。体の表面に傷をつけるという意味では、ちょっと自傷に通ずるところもある。

そして自傷行為もまた、女性に多い「病気」なのである。

リストカット（手首自傷）が代表的なものだが、これが圧倒的に女性に多い。報告にもよるが、八〜九割は女性が占めるという。

若い患者の多い精神科病棟は、しばしば自傷行為の見本市のようになる場合がある。ある特定の手段が流行ったりすることもある。剃刀《かみそり》（もちろん持ち込みは禁止なのだが、開放的な病院では私物チェックを完璧にはできない）によるリストカットというポピュラーなものから、手首を柱の角に打ち付けるもの、コンクリートの壁を拳で殴りつけるもの、針で手首に刺し傷をたくさんつけるものなど。改良前の缶ジュースのプルトップによるものもよくあった。またリストカットではないが、煙草の火を押しつける「根性焼き」タイプの自傷もときおりみられる。

リストカットは、かつてなら典型的な自殺未遂だった。でも、最近のそれはちょっと意味合いの違った行為になっている。死にたくてリストカットするとは限らないのだ。むしろそれは、ストレスの発散や緊張の解放のためになされていることも多いらしい。痛みと出血が、一種独特の解放感をもたらしてくれるのだ。また、主に痛みを通じて、「生」を実感的に確認できるということもある。あるいはまた、自らの周囲の「関係性」に対する、直接間接のアピールをはらんでいることも重要だ。

広く考えるなら、摂食障害も一種の自傷行為と言えなくもない。そうだとすれば、この章で取り上げた「女性特有」の疾患には、次の二つの共通点がある。

・なんらかの方法で身体にダメージを与えようとすること
・その行為が多かれ少なかれ他者へのアピールをはらむという意味で、関係性を志向していること

これらは男性特有の問題である「ひきこもり」や「対人恐怖」にはみられない特徴だ。まず第一に、これらには身体性がほとんど関係しない。第二に、いずれも関係性から遠ざかるか、それを断ち切ってしまいがちである。

ここで見出された女性における「身体性」と「関係性」の重なりを、よく覚えておいて

欲しい。今後の議論において、きわめて重要なポイントになってくるからだ。

こうした疾患ごとの性差がはっきりわかれてくるのは、やはり思春期以降、ということになる。

「スチューデント・アパシー（学生無気力症）」の研究で知られる名古屋大学名誉教授の笠原嘉氏は、思春期・青年期に起こりがちな問題の性差について次のように述べている（『青年期』中公新書、一九七七年）。それは言ってみれば、成熟に際して何が困難となるか、という問題の違いなのだ。笠原氏によれば、このとき男性における困難は対人恐怖という形をとることが多いのに対して、女性における困難は摂食障害という形をとりやすいというのだ。

この章のはじめのほうで述べたように、対人恐怖の性差はたしかに男性に多いけれど、せいぜい二倍程度で、摂食障害の性差とは比較にならない。しかし、僕はこの指摘はいまでも有効であると考える。ここで言う対人恐怖と摂食障害という違いには、「何を自己評価のよりどころとするか」の性差も反映されているからだ。

男子の場合は、自己評価を決めるのは一般的に「社会的スペック」である。すなわち知的・身体的な能力やコミュニケーションスキルといった、能力的な側面である。外見的な側面よりは本質的・機能的な側面にこだわりが強いとも言える。このとき葛藤が対人恐怖という形をとりやすいのは、その葛藤の本質が、「相手から能力を低く見積もられるのではないか」という点にあるからだ。「恥」や「世間体」などの意識も、男子の場合、つきつめればこの葛藤に結びついてしまう。

しかし女子の自己評価は、容貌のみならず髪型から衣服まで含めた外見的・身体的要因によって大きく影響される。女子の身体にかんする葛藤は、男子よりもずっと全面的で多様なものなのだ。そのぶん、病の形もさまざまになるのはみてきたとおりである。

思春期を迎えると、男子も女子も、自分の外見に対するこだわりが強くなる。思春期とは「他者から見られるからだ」として、自分の身体を再発見する時期だ。それゆえ多くの若者は、自分の外見について、周囲にはわからない劣等感や悩みを抱えていることがよくある。だから僕は、思春期の患者さんを診察するときは、こちらから外見のことはけっして触れないように注意している。時にはほめ言葉にすら傷つくのが思春期の心というものだからだ。

ただし、からだの悩みといっても一様ではない。思春期の男子は女子の視線を意識して服装や髪型にこだわり出すが、女子もまた女子の視線を強烈に意識する。ただし男子が想定する「女子の視線」なるものは、しばしば雑誌の情報だったり独りよがりな自己判断だったりするので、この時期の男子のファッションはしばしば珍妙なものになりがちだ。

いっぽう女子は、終章でも述べるように、すでにしつけや教育の中であるべき「女性らしさ」について十分に学習している。だから女子のほうは、男子に比べれば外見によってアピールする術《すべ》を十分に発揮できるのだ。

さらに言えば、女子の視線を意識しはじめた男子は、外見以上に自分の能力にこだわりはじめる。それは女子にアピールする要素として、最終的には社会的評価がもっとも重要であることに気がつくからだ。初恋を成就させるために受験勉強を頑張ったり、功成り名を遂げてから彼女を迎えに来ると約束したり、そういう物語は数え切れないほどあるし、また現実にもそういう努力をしている男子は多いはずだ。僕にも覚えがない、とは言わない。

このとき男子は、外見と能力をあまり区別しなくなる。若い男性に、能力への自信のなさを容姿の劣等感として表現するケースがとても多いのだ。とりわけ「醜形恐怖（自分の顔や体つきが醜いので他人が自分を避けると思い込む）」の事例には、こうした混同がしばしばみられる。

いっぽう女子には外見よりも能力といった発想はあまりない。外見と能力の評価はあくまで別物であり、どちらかと言えば外見重視に傾くことが多い。だから異性にアピールするための能力的な努力としては、せいぜい好きになった男子と同じ高校に入れるように勉強を頑張る、といった程度にとどまる。

そう、思春期の時点ですでに、男子は所有の思想に取り込まれている。地位や名誉や金、それらをもっとも多く所有し得た高性能のオスだけが、お気に入りのメスをも所有する権利を手に入れる。こうした所有の思想は、思春期において徹底的に刷り込まれるのだ。

この時期は、男女ともに平等に学校的価値観を植え込まれるが、これはかなり控えめにみても「所有の思想」、すなわち男性的発想に近い。男子はそれを素直に受け入れるが、女子はすでに世界がダブルスタンダードであることを理解している。すなわち、女子にとっては「所有」よりも「関係」のほうがはるかに重要であること。関係において勝者たるには、しぐさや容姿などをも含む「身体性」が何よりも重要であること。このあたりについては終章でもう一度くわしく述べる。

このように思春期を境として、女子の身体へのこだわりは、男子よりもはるかに強いものに変わっていく。こうしたこだわりが、女性の美しさと女性の病の両方をもたらすのだ。

「ヒステリー」は何を問うか

精神疾患の性差ということを考える場合に、やはり「ヒステリー」についてふれないわけにはいかない。この病名はもう正式な診断基準には登録されておらず、ヒステリーは精神医学的には「死語」に属する。しかし実際には、臨床現場でこの言葉はまだまだ現役である。この章の最後に、ヒステリーという古くて新しい問題について検討しておこう。

ヒステリーという病気は、かなり古くから知られていて、ヒポクラテスやプラトンもその存在にふれている。ギリシャ時代の医学では、子宮（ギリシャ語でhysteron）が移動することがこの病気の原因と考えられていた。つまり当時から、女性特有の病気と考えられていたのだ。「魔女狩り」が激しくなったルネッサンス期には、魔女とみなされて処刑されたヒステリー女性が数多くいたと推測されている。

とはいえヒステリーには、これが典型的と言えるような症状はほとんどない。大きく分けるなら、身体症状を中心とする転換型と、意識状態の変容を中心とする解離型があるが、ややこしいのでここでは転換型を中心に述べる。

転換型ヒステリーの示す身体症状は、きわめて多彩だ。代表的なものだけでも、ヒステリー球、卵巣痛、オピストトーヌス（全身を弓なりに硬直させる症状）、感覚脱失、視野狭窄《きょうさく》、ヒステリー性盲・聾《ろう》、失声、さまざまな麻痺、失立・失歩、けいれん、局限性疼痛などがある。

一九世紀フランスの神経学者シャルコーは、パリのサルペトリエール病院でヒステリー患者の治療を行っていた。彼は神経学の視点からヒステリーを理解しようと試みていた。シャルコーはヒステリー患者を催眠で治療できることに気付き、ヒステリーが身体ではなく精神から生じていることをはっきり示し、少ないながらも男性にもヒステリー患者がいることを見出した。それまでの「子宮の病」という古い考え方を一掃したのだ。

シャルコーに学んだフロイトは、友人医師ブロイアーが診ていたアンナ・Oというヒステリー患者の治療経験からアンナ自身の示唆をヒントに「精神分析」という技法を思いついた。その成果がフロイト最初期の重要な著作『ヒステリー研究』だ。フロイトはこの研究で、ヒステリーが性的虐待のトラウマを抑圧することから生じてくることをあきらかにした。

もう少しくわしく述べるなら、フロイトはヒステリーを「表象による病気」、すなわちイメージによって起こる病気として考えた。ヒステリー患者は、かつて性的虐待によって生じた「自我が受け入れがたい表象」を抑圧して、無意識に閉じ込めようとする。この抑圧されたイメージが、のちに身体的な症状として表現される。ごく簡単に言えば、これが精神分析によるヒステリーのメカニズムである。

フロイトは、こういう転換症状（身体症状）の苦痛をオルガスムと同じものであると考えた。症状が出ている体の部分は性感帯にあたる。フロイトはさらに、ヒステリー者は身体をエロス化しつつも、性器的な快楽は麻痺しているとも考えた。セクシーなのに不感症、というわけだ。ヒステリー者は、常にこういう分裂を抱え込むことになる。

ここでフロイトは、半ば意図せずして、きわめて重大な二つの真理を見出したことになる。

まず第一に、ヒステリー者の症状＝身体性には、いかなる器質的な、つまり脳神経系に還元されるような根拠もないということ。フロイトはもともと神経学者だっただけに、この指摘には説得力がある。

第二に、ヒステリー者は他者の欲望を刺激するような外見を持ちつつも、自らは欲望の追求を放棄するという分裂を抱えていること。

ここで「ヒステリー」を「女性」と読みかえても、この「真理」は成立する。なぜ成立するかについての検討は、終章にゆずるとしよう。ともあれ、フロイトのヒステリー研究は、「女性とは何か」という問いの端緒でもあったのだ。

フロイトと同様にヒステリーを重視したラカンは、「ヒステリー」の「問いの構造」について考えた。ヒステリー者が問うのは「自分は男なのか女なのか」「女とは何か」という問いかけなのだ。そしてこの問いのかたちは、患者の性別とは関係がない。男だろうと女だろうと、ヒステリーはこのように問い続けると、ラカンは言う。

この「性別への問いかけ」を、僕なりに翻案するなら、それは「関係性」への問いかけということになる。ジェンダーは、関係性の中にしか存在しない。だからヒステリー者は常にジェンダーを問い続ける存在、言うなればジェンダー・センシティブな存在でもあるのだ。

フロイトが精神分析を発案するきっかけを与えた最初のヒステリー患者、アンナ・Oは、その後本名のベルタ・パッペンハイムとしてドイツのフェミニズム運動に大きな貢献を成し遂げた。抑圧の象徴のような「ヒステリー」者と、抑圧からの解放を目指すフェミニズムの組み合わせ。ここには、偶然と呼ぶにはあまりに興味深い符合がみてとれる。

第五章　「おたく」のジェンダー格差

なぜ「おたく」なのか?

この章では「おたく」とジェンダーの関係について考えてみたい。

僕はこれまで、自分の専門とも多少は絡んだ事情から、おたくについて語ったり書いたりする機会がたびたびあった。むろん僕個人はとうてい立派なおたくとは言えないが、少なくとも友人知人には、コアなおたくや、おたく的な人物が少なくない。

これは僕が二〇〇〇年に出した著書『戦闘美少女の精神分析』〈太田出版〈ちくま文庫、二〇〇六年〉〉によるところが大きい。この本で僕は、おたくのセクシュアリティを正面から取り上げた。その内容については後でふれるが、少なくとも僕の知る限り、この当時セクシュアリティ、すなわち性欲という視点からおたくを論じた著作はほとんどなかった。

最近になって「萌《も》え」という言葉が普及するとともに、ようやくそうした議論が一般化しつつある。しかしそれまで、「おたくの性」の問題がまともに語られることはほとんどなかったのだ。僕はそこに、あきらかな「否認」の姿勢があると感じていた。

要するに、みんなその問題に気づいていながら、なかったことにしているだけなのだ。とはいえ、たしかに性の問題となると、当事者にはちょっと語りにくいのかもしれない。ならば、むしろ僕のような「部外者」のほうが、この問題を取り上げやすいのではないか。

おおむねそういう考えで、お節介にも僕は、この世界に首を突っ込むことになった。

ところで僕の考えでは、いやしくもジェンダーを論じようというのなら、おたくの存在は絶対に外せない。おたく男性とおたく女性とでは、サブカルチャーに対する態度が見事なまでにわかれるからだ。むしろ、ジェンダーの違いがこれほどはっきりあらわれている分野や領域はほかにないとすら言える。

当然ながら、おたく趣味には、なんの規則も制約もない。それぞれの個人が、のびのびと心ゆくまで、自らの「欲望」を追求してよいはずなのだ。そのような自由な場所であるにもかかわらず、まるで一定のルールがあるかのように、男女の違いがこれほどきわだってしまうのはなぜなのか。

これまで、この問いには、まだ誰も明快に答えたものはいない。ところで僕自身は、この問題についてひとつの仮説を持っていて、それは本書のテーマと密接にかかわっている。実は僕のジェンダーをめぐる発想は、おたく論をきっかけに大きく展開していったのだ。

ジェンダーを検討するのに、なぜおたくが重要なのか。

総じて彼らは、あまり性愛活動に熱心な人々にはみえない。むしろ一般的な若者の中で、もっとも「奥手」な集団がおたくであろう。ジェンダーやセクシュアリティを問題にするなら、もっと性的に活発な集団（たとえば「ヤンキー」など）を対象とすべきではないだろうか。

たしかにそういう考え方も一理ある。しかし僕は、まったく逆の考えを持っている。「現実」の性行動は、あまりにも不純物が多すぎるのだ。「現実」だけを見ているかぎり、欲望の本当の姿は見えてこない。

男と女がたがいに好きになって性関係を持ち、結婚して子供が生まれ家庭を作る。そういう意味では、男も女も、しょせん求めるものは同じ。もちろんそんな「言い方」も可能だ。しかし、本当にそうだろうか。

僕は「結婚」や「家庭を持つ」といった社会的行動は、膨大な妥協と調整の産物に過ぎないと考えている。本当は男と女は、かなり異なった性欲のスタイルを持っているのだが、ひとたびその欲望を実現しようとすれば、行動としてはデートやセックス、あるいは制度的には結婚や家庭という形式を利用するしかない。つまり、僕らが性欲を実現するに際しては、常識や制度といった「不純物」の多大な影響を受けるのだ。

このため、本来はかなり隔たりのある男と女のセクシュアリティが、見かけ上は同じゴールを目指しているかにみえてしまうことがままある。ならば、そこにあるのはジェンダーの本質ではなくて、イデオロギーや制度の反映に過ぎない。むしろ、セックスや結婚という関係の形式は、ジェンダーの違いを無視しても実現できるような、すぐれた発明と考えるべきなのかもしれない。

しかし結婚生活ひとつとってても、そこに投影された男の幻想と女の幻想はいかにすれ違っていることか。この点については第三章でくわしく述べた。セックスや子供の意味にしても、男と女ではかなり距離がある。

ジェンダーは後天的に構成されるという意味では、身体だけに基礎づけられるような実体を持たない。それゆえジェンダーは、もっとも根源的な幻想でもある。ジェンダーの違いを理解するには、この幻想のあり方に目を向けなくてはならない。

すなわち、まだ行動に移される前の空想や想像にこそ、ジェンダーの本質がもっともよく反映されるということ。だからこそ僕は、奥手とされるおたくたちの想像力のほうに関心があるのだ。

まったく異性と関係を持たない人にも、空想の性生活がある。童貞であったとされる宮澤賢治や詩人の大手拓次、あるいは建築家のアントニオ・ガウディやアウトサイダー・アーティストのヘンリー・ダーガー、彼らの作品は独特のエロティシズムをたたえている。

むしろそこには、まだ現実の性関係に汚染されていない、純粋培養されたセクシュアリティがみてとれるようにも思う。一般にマスターベーション・ファンタジーは、現実に性体験をする前のほうが、はるかに奔放とされている。

ジェンダーの違いを構造的にとらえるには、まさにそのような「純粋さ」が必要とされる。けっしておおげさではなく、おたくのセクシュアル・ファンタジーにみてとれるジェンダーの違いにこそ、本質的な差異が反映されているはずなのだ。

おたくとは誰のことか？

それでは、おたくにおけるジェンダーのありようについて考えてみよう。

さきほど述べたとおり、僕はかつて『戦闘美少女の精神分析』という本で、おたくについてもくわしく論じた。この本はそもそも、日本の漫画やアニメ作品において「武器を持って戦う美少女」のキャラクターが高い人気を集めるのはなぜか、という問いをきっかけに書かれたものだった。

もちろん欧米にも「エイリアン」や「トゥームレイダー」などのように、戦う女性が登場する作品は多い。ただしこちらは、ほとんどがアマゾネス系の成人女性ばかりである。日本のように、幼稚園児や小学生の少女が戦闘するという作品は、ごく最近までほとんどみられなかった。最近の「パワーパフガールズ（幼女三人組が戦うアメリカのトゥーン作品）」—

のような例外的作品ですら、日本のアニメ作品の大きな影響下に作られたものだ。

僕の結論をごくかいつまんで紹介するならば、このような戦闘美少女たちをもたらしたのは、あきらかにおたくの欲望だ。彼らの欲望と作家の欲望が、発達した視覚メディアを触媒として複雑な相互作用を起こした結果、二次元上に生じた特異なキャラクター。それが、「戦闘美少女」なのだ。

ならば、おたくの欲望とは何か。いや、そもそもおたくとは、誰のことなのだろうか。

ごく一般的には、おたくという言葉は成人のアニメ・ゲームファンを指すことが多い。もちろん漫画ファン、フィギュアのコレクター、怪獣映画などの特撮ファンもおたくと呼ばれることはある。

おわかりのとおり、彼らが愛好するのは、本来なら小学校か、せいぜい中学までに卒業してしかるべき対象ばかりだ。しかしおたくたちは、思春期を過ぎ成人を過ぎてからも、アニメやゲームのキャラクターに対する愛を語りつづける。

そんな彼らの態度は、しばしば現実逃避的とみなされる。だからおたくに対しては「人間として未成熟」「現実と虚構を混同している」「現実に帰れ」などといった、おきまりの批判が浴びせられることになる。しかし、これらの批判はほぼ印象論にすぎず、さしたる根拠があるわけではない。要するにおたくに対して、表面的な印象より掘り下げて考えることはしたくない人たちが、そのように考えがちなのだ。

ところで、僕による「おたく」の記述は次のようになる。念のために言えば「記述」というのは「定義」ではない。定義なら「これに一致しない人はおたくではない」となるが、記述は「例外もあるけれど、だいたいこんな感じの人」というほどの意味である。

・虚構コンテクストに親和性が高い人
・二重見当識《けんとうしき》ならぬ多重見当識を生きる人
・愛の対象を「所有」するために、虚構化という手段に訴える人
・虚構それ自体に性的対象を見出すことができる人

このままではちょっとわかりにくいかもしれないので、以下に簡単に解説しておく。

まず最初の項の「虚構コンテクスト」という言葉。単に「虚構が好きな人」としなかったのは、そう単純なものではないからだ。おたくは一般に、虚構であることそれ自体に価値を求める。それゆえ彼らは、虚構のレベルに対しても敏感だ。それは「現実か虚構か」といった、粗っぽい区別ではない。

アニメにしてもゲームにしても、そこには複数のレベルの虚構／現実がある。まず作品

に描かれる世界。作中に描かれ、あるいは描かれない作者の個人的な心情。作家とプロダクションの関係、といった楽屋裏的世界。作品がどのような経路で流通し、どのように受容されるか、というマーケティング的世界。作品が現代社会とどのような関係を持っているかを検討する批評的世界。

一つの作品について、これほど多層的なとらえ方がある以上、どの層が虚構でどの層が現実か、などということを議論するのは不毛なことだ。

おたくが作品を楽しむということは、その作品をこうした複数のレベルで語り、あるいは分析しつつ楽しむことを意味する。つまり、虚構の虚構性それ自体がおたくの好物なのであり、それを僕は「虚構コンテクストへの親和性」と呼んだのだ。

僕はこの能力を、古典的な精神医学用語である「二重見当識」をもじって、「多重見当識」と呼んだ。これは、さきほど述べたような複数のレベルで、その作品の位置づけについて見通しが持てる能力を指している。

そんなおたくがもっとも本領を発揮するのは、自分が好きな作品を所有しようとする、その身振りにおいてである。

たとえば年に二回、八月と一二月に開催される、おたく界最大のお祭り「コミックマーケット（通称コミケ）」には、毎回数十万人のおたくが集結し、同人誌の売買やコスプレ

（お気に入りの漫画・アニメの登場人物の仮装）などを楽しんでいる。ここに来れば「おたくのこと」がよくわかる。

おたくは単なるアニメファンなどではない。おたくであり続けるためには「おたくのこと」をしなければならない。それはたとえば、掲示板やブログで好きな作品を語ることであり、同人誌の作成であり、コスプレである。

これらの活動には、ひとつの共通点がある。

たとえば同人誌。コミックマーケットには毎回三万を超えるサークルが出店しているが、そこで販売されている同人誌の多くは二次創作だ。すなわち、アニメ・漫画のパロディ作品である。

ネット環境の発達は、こうした二次創作の場を劇的に広げた。いまや誰もが、ネットの掲示板やウェブサイトで、自分の作品を簡単に発表することができる。そうした作品の多くは、好きなキャラクターのイラストや、「ＳＳ」（Short Story　あるいは Side Story：好みの作品のキャラクターと設定を借用して作られた物語）と呼ばれる小説である。

イラストにせよＳＳや同人誌にせよ、おたくの活動のほとんどは作品の二次創作だ。「作品をネタにして楽しむ」という点からみるなら、批評もコスプレも一種の二次創作にほかならない。この事実は重要だ。

僕はこうした二次創作が、彼らにとっての愛情の形式であると考えている。彼らはその作品を愛するがゆえに、作品のパロディ、すなわち、さらなる虚構化にいそしむのだ。それは愛する虚構をさらに虚構化することで、「所有」し「関係」しようと試みることにほかならない。

ところで、同人誌の中でもとりわけ人気が高いのが「18禁もの」と呼ばれるジャンルだ。これはその名が示すとおり、ポルノ化によるパロディ作品である。おそらくこの種の作品に、おたくの欲望がもっとも端的にあらわされている。

繰り返すが、「おたく」とはセクシュアリティの問題でもある。彼らは自らの性欲をも、虚構によって満たそうと試みる。具体的には、自分の愛好するアニメやゲームのキャラクターを性的関係の中に置き、そのファンタジーを利用して自慰行為をなすことができるのだ。

これは一種の特殊技能とみるべきだろう。アニメ的なデフォルメで描かれたキャラクターの絵を性欲の対象にできる人は限られている。僕は著書の中で「アニメで抜けるかどうか」がおたくと一般人の最大の違いであると書いた。その後の著書への反響をみる限り、この点については否定よりも肯定する意見のほうが多かった。何もこの一点のみにこだわるつもりはないが、重要なポイントではあるだろう。

おたくが虚構そのものを性欲の対象にできるという点は、政治的にも重要な意味を持つ。彼らはしばしば、現実の異性関係に恵まれないから虚構のキャラに萌えるほかはないのだと考えられている。しかし実際には、恋人や配偶者がいても、萌えを熱く語るおたくは珍しくない。つまり萌えとは、単なる代償行為ではない。

おたくのセクシュアリティには一種の解離がある。彼らは「現実（日常）のセクシュアリティ」と「虚構のセクシュアリティ」において、別の顔を持っているのだ。

たとえば「18禁もの」には、さまざまな性的嗜好の描写が含まれる。とりわけ問題となるのは、男性おたくにおける「ロリコン」すなわちペドフィリア（小児性愛）への嗜好だ。こうした嗜好ゆえに、男性おたくは嫌悪されがちである。一九八九年に起きた幼女連続殺人事件の犯人・宮崎勤の記憶は、いまだ風化していない。宮崎以降、おたくによる深刻な性犯罪はほとんど起きていないにもかかわらず、おたくを性犯罪者予備軍とする偏見もいまだ根強い。

しかし実際には、男性おたくの大半は、実生活においてはペドファイルではない。彼らは日常においてごくまっとうな異性のパートナーを選択し、性生活も「健全」であることが多いとされている。僕が個人的に知り得た範囲でも、真性ペドファイルのおたくはみたことがない。これが単なる印象論と軽《かろ》んぜられないためにも、おたく（そして腐女子《ふじょし》）のキンゼイ・レポートが待たれるところではある。

さて、意外に思われるかもしれないが、ここまでの記述は――「抜き」の問題も含めて――おたくの男性、女性のいずれにもあてはまる。そう、いずれも虚構のキャラを性的対象とみなしているという点までは。しかし、まだ先がある。そしてこの先にこそ、深くて広大なおたくのジェンダー問題が広がっているのだ。

「やおい」文化の特異性

まず、女性おたくの嗜好について検討してみよう。

女性おたくは現在、「腐女子」と呼ばれている。この言葉も、最近はかなり市民権を獲得しつつあるので、説明などいまさら、と思われる向きもあるだろう。しかし、まったくその知識がない人に「腐女子」を一から説明するのはけっこう大変だ。腐女子の説明に入る前に、まず「やおい」というジャンルについて理解してもらう必要があるからだ。

「やおい」とは、マンガや小説の一ジャンルを示す言葉である。これについて僕が知る限りもっとも簡潔な定義はこういうものだ。

「女が女のために書く、男同士の恋物語」(中島沙帆子『電脳やおい少女』竹書房、二〇〇二年)。

ただし、その恋物語のほとんどはパロディ作品、すなわち二次創作だ。おたくのパロデイ志向についてはすでに述べたが、もちろん「やおい」もこの文化圏に含まれる。ただしパロディといっても、男性おたくのパロディがポルノ化であるなら、やおいのパロディはホモ化ということになる。

「やおい」のことは知らない人でも、少女漫画のひとつのジャンルに少年愛ものがあることくらいは知っているだろう。竹宮恵子『風と木の詩』や萩尾望都『トーマの心臓』などが有名だ。吉田秋生《あきみ》の傑作『BANANA FISH』なども、この系列に入る。少女漫画で、なぜこれほど繰り返し、少年愛が描かれるのか。その謎は「やおい」の謎とほぼ重なる。

腐女子がパロディの「素材」とするのは、主として『キャプテン翼』や『幽遊白書』、最近では『テニスの王子様』や『デスノート』といった少年向けの漫画作品（それも『少年ジャンプ』率が異常に高い）だ。これらの作品に登場するキャラクター同士の関係をホモセクシュアルなものに勝手に読み替え、そこから独自の恋物語を捏造《ねつぞう》する。

パロディの対象となるのは少年漫画やアニメ作品が多いが、このほかにも小説の主人公や実在の野球選手、ジャニーズのアイドルなどもパロディの「素材」として扱われる。一説には無生物を含め、森羅万象が素材化可能であるとも言われる。

ちなみに「やおい」とは「ヤマなし、オチなし、イミなし」の略である。要するに物語性は一切排除し、どのようなカップリングでホモセクシュアルな関係性を展開するか、それのみが問題とされるのだ。

もっとも近年「やおい」という言葉はかつてほど使われなくなり、「ホモ」や「ボーイズラブ（BL）」などと呼ばれる傾向にあるようだ。ただし厳密には、BLはパロディではないオリジナルな商業作品を指すことが多いため、ジャンル的には別物とも言える。このあたりの議論はややこしいうえに、本筋とはあまり関係がないのでこのくらいにしておこう。以下、本書ではこのジャンルを「やおい」で統一する。

ちなみに「やおい」というジャンルは日本独自のものではない。これはもともと、欧米におけるファンフィクション（原作のファンによる二次創作）の一ジャンルである「スラッシュ・フィクション」にあたる。スター・トレック人気から発生したこのジャンルは、カーク船長とミスター・スポックの恋愛関係を描くなど、やはりホモセクシュアルな関係性にこだわる。

腐女子という言葉からもわかるように、「やおい」作品の制作者および消費者は、そのほとんどが女性だ。さきほどふれたコミックマーケットにしても、参加者の過半数は女性であり、さらにその大半が腐女子、すなわち「やおい」作品の愛好家なのである。

ロリコンものの作品を愛好する男性おたくが、必ずしも真性の小児愛者とは限らないように、腐女子もまた、日常生活においてはごくふつうの異性愛者であると言われる。その意味では、彼女たちの性嗜好にも一種の解離がある。

腐女子の記述について、今はこのくらいにしておこう。それというのも、腐女子については、男性おたく以上に一般化した記述が難しいからだ。事実、これまで出版されたほとんどの腐女子分析本が、その当事者によって激しい批判を受けてきた。「腐女子とはこんな人たち」という記述は、おたくについてのそれよりも反発にあいやすい。

理由はいくつか考えられるが、最大のものとして、腐女子がおたく以上に多様性をおびた集団である、ということが考えられる。ある腐女子集団についての記述が、別の腐女子グループにはまったく該当しない、といったことが珍しくないのだ。

もっとも、僕がおたくについて記述したことのほとんどは、そのまま腐女子にも当てはまる。それゆえここでは、すべての腐女子に共通する要素、すなわち「男性キャラクター同士のホモセクシュアルな関係性に高い関心を持っている」という点のみを焦点化することにしよう。

それではなぜ、腐女子はホモが好きなのか？

もちろん当事者による腐女子分析本も少なくないのだが、その多くは「やおい」を強引にフェミニズムの文脈で語ろうとしたり、「腐女子の妄想はこんなに変わってるけど、でも本当は普通の女の子なんです」的な擁護だったりと、正直いまひとつ食い足りない。とりわけ、なぜ女性が、もっとも刺激的なセクシュアル・ファンタジーとしてゲイカップルの恋愛関係を選択するのか、その中核が見えてこないのだ。

「抜き」の問題でも強調しておいたが、彼女たちの「妄想」が、純粋なセクシュアル・ファンタジーであることはほぼ間違いない。

たとえば漫画家の卯月妙子氏は、中学生時代に『キャプテン翼』のハードなやおい本に出会い、衝撃のあまり失禁しつつ性に目覚め、以後そのネタで自慰行為にふけっていたという（『実録企画モノ』太田出版、二〇〇〇年）。あるいは、やはり漫画家の野火ノビタ氏（榎本ナリコ）によれば、彼女が生まれて初めて描いた漫画は、少年同士のセックスシーンだったという（『大人は判ってくれない』日本評論社、二〇〇三年）。

榎本ナリコ氏は、『センチメントの季節』などで知られる作家だが、もともと「やおい」系の作家として出発している。一般に自分語りを嫌う腐女子の中にあって、彼女は例外的に鋭い自己分析でも知られている。

榎本氏によれば、腐女子は「位相萌え」ということになる。「位相」とはすなわち、関係性の位相を指している。ある少年もの漫画作品において、男同士の友情や確執といった関係が描かれるとしよう。彼女たちが熱く注目するのは、まさにこの関係性なのである。

そこに描かれた微妙なしぐさ、視線、せりふ等々の断片から、こうした関係性をいかに恋愛、すなわちホモセクシュアルな関係性の位相に変換するか。これこそが「やおい」における普遍的テーマにほかならない。

ビジュアル偏重の男性おたく

ついで男性おたくの欲望についても簡単に検討しておこう。

こちらは腐女子に比べれば、はるかに単純だ。要するに美少女キャラクター、すなわち「萌えキャラ」単体のビジュアルが、すべての基本にあると言っても過言ではない。

もちろん「萌え」に関して言えば、キャラの性格設定も重要だし、アニメならば「声」の存在も無視するわけにはいかない。しかし、一般にキャラの「内面」は、すべて萌えキャラの外見的特徴として表示されている。また、声優の演技はキャラの視覚特性を裏切らない程度に「整形」されたものだ（いわゆる「アニメ声」）。やはりキャラ萌えについては、ビジュアルがもっとも重要な要素であることには変わりない。このほか世界設定や物語構造への執着もありうるが、いずれもセクシュアリティという点では萌えキャラの存在ほど重要ではない。

こうした男性おたくの「萌え」は、その基本構造はフェティシズムのそれとほぼ同じだ。フェティッシュ、すなわち人間ではない対象に欲望が向けられるという意味で。

　これなどはまさに、おたく的欲望を象徴する「戦闘美少女」が典型だ。戦闘美少女という欲望の対象は、ほぼ完璧な虚構内存在にほかならない。つまりそんなキャラは現実には存在しない。しかしここでは、まさに「現実には存在しない」という点こそが重要なのだ。すべての戦闘美少女たちが、完全に虚構＝二次元上の存在であり、そこにいかなる実体もともなわないということ。

　精神分析によれば、これぞまさしく理想的な欲望の対象ということになる。強烈に欲望を惹きつける外見と、実体を欠くがゆえに、その対象によって最終的な満足は決して得られないということ。そこには、理想的なフェティッシュの条件が完璧に備わっている。

　フェティッシュへの愛は所有によってしか表現されない。だからおたくは、しばしばコレクターとしての顔を持つ（ただし、おたく＝コレクターではない）。フィギュアやDVDの蒐集《しゅうしゅう》は、もっともわかりやすい所有欲の表現だ。

　これがマニアなら、そのままどっぷりと蒐集の方向へと突き進んでゆくだろう。しかしおたくは違う。彼らはマニアほど、コレクションに執着しない。むしろ彼らが執着するのは「視る」という行為そのものだ。そして言うまでもなく、「視ること」は、所有の第一歩なのである。

そう、男性のセクシュアリティは、徹底して視覚に依存している。ポルノグラフィーが必要とされるのはこのためだ。いっぽう女性のセクシュアリティは、男性ほど視覚に依存していない。ある女性誌がフェミニズム的な意図を持って男性ヌードを掲載したところ、購入したのは女性ではなくゲイの人々だったというエピソードがあるほどだ。

男性にとって「視ること」は、性行為の一部ですらある。この点も女性とは対照的だ。行為に際して、どちらが照明を消したがるかを考えればわかるだろう。

それゆえ、萌えキャラのビジュアルイメージこそが、男性おたくにとってはもっとも重要な「萌え要素」ということになる。アニメ美少女のいわゆる「萌え要素」の多くが、身体の各部位に加えて、触角、猫耳、眼鏡、鈴、メイド服、しっぽなどといった、端的な視覚的要素であるのはこのためだ。

腐女子との比較で言えば、男性おたくの「萌え」にとっては、関係性のプライオリティはそれほど高くない。単体の美少女イラストによっても十分に「萌え」は喚起される。もっと端的に言えば、男性おたく向けのポルノに「触手もの」というジャンルがある。これは女性キャラクターがクリーチャー（怪物）の触手に陵辱されるシーンを含む作品を指す。言うまでもなくここにはいかなる「関係」もない。

こうした男性おたくの欲望は、単純と言えば単純だ。もっとも最近は、「ツンデレ」のように、関係性が織り込まれたキャラクター設定が流行りつつある。そういう意味では男性おたくの萌えも変化しつつあるが、それでもここで述べたビジュアル偏重の傾向は、当分変わらないだろう。

おたくにおける「立場」とは

今までみてきたように、腐女子の欲望と男性おたくの欲望は、きわめて異質な構造を持っている。この異質さを一言で言えば、次のようになる。

男性おたくの欲望は「所有」へと向かい、「腐女子」の欲望は「関係」へと向かう。

これまでの議論をきちんと読んでもらえれば、この結論はそれなりに納得がゆくはずだ。つまり、おたくの一般的現実を検討することで、こうした「命題」を引き出すことができるのだ。

以下、なぜこのような違いが生じたかについて検討してみよう。

さきほどふれた榎本氏は、こうした違いの理由について「男性は自分の立ち位置をしっかり定めないと『萌え』られないから」とみなしている。どういうことだろうか。

男性おたくの場合、欲望に先立って、まず自らの主体をしっかりと定位しておく必要がある。自分が「欲望の主人」であることが保証されなければ、安定した欲望をたもてないからだ。だから彼らは「おたくの定義」にこだわる。彼らには「おたくとは何か」という自己規定が必要なのだ。おたく論がこれほど盛んなのは、このためもあるだろう。

ただし、これはおたくに限った話ではない。第四章でふれた言い回しを繰り返すなら、「男は立場の生き物、女は関係の生き物」ということになる。そう、男性は一般に、自分の「立ち位置」が崩されることをひどく恐れるのだ。

男性は対象を欲望するさい、自らのポジションを定めることがどうしても必要となる。これはペニスならぬ、ファルスを所有する存在としての、どうにもならない宿命でもあるだろう。ファルスの位置と方向性が定まらなければ、男性は自ら欲するものとすらまともに向き合えないのだ。

あるいはイヴ・K・セジウィックによるホモソーシャル概念を想起してもらってもよい。ホモフォビア（同性愛恐怖）とミソジニー（女性嫌悪）にもとづく男性同士の連帯。男性にとってこうした欲望の閉鎖系が、いかに心安らぐ場所であることか！　そこでは誰もが異性愛者として欲望の主体を名乗り、愛の対象の「所有」を試みることができる。

いっぽう女性にとって、「立場を失う」という恐れは、さほど切実なものではない。女性が何かを欲望するさいには、自らの主体のポジションなどどうでもよくなってしまうからだ。ひたすら対象に没頭し、自らを空虚にしてのめり込む。「立ち位置」などといった観念的な要素がないほうが、はるかにその快楽は増すだろう。

だから彼女たちは定義づけられることをひどく嫌う。おたく論に比べて腐女子論が少なく、またそうした本が当事者から批判されやすい傾向があるのは、このためもあるだろう。また彼女たちは、キャラクターのカップリングなどの「妄想」については何時間でも語れるのだが、正統的な作品分析や自己分析を手がけることはほとんどない。作品はあくまでも妄想の素材であって、分析の素材ではないからだ。

もちろん、ここで述べるような違いは絶対的なものではない。立場を忘れて没頭できる男性や、立場にこだわってしまう女性もいるだろう。あくまで全体的な傾向として、の話である。

ついでに言えば、僕はこの「立場」問題について、よくジェットコースターにたとえる。僕もそうだが、あれが苦手な男性はけっこう多いのに、女性のほうはジェットコースターが大好きだ。この違いはなぜだろう。

生理的な違いだと説明する人もいるけれど、僕の考えはもう少し心理寄りだ。要するに男性は、足元が崩される感覚に耐えられないけれど、女性はその感覚をスリルとして楽しめる。これも「立場」の問題に関係すると言えば、いささか強引すぎるだろうか。

腐女子に話を戻すと、立場にこだわらないということは、男性よりもはるかに自由に作品に没頭できるということを意味している。

一般にやおい作品には、女性キャラがいっさい登場しない。これも考えてみれば奇妙なことだ。男性おたくは、作品に感情移入するに際して、そこに登場する男性キャラへの同一化を入り口とする。つまりそれが作品内での彼の「立場」ということになる。

同じように考えるなら、やおいの読者にとって、女性キャラが登場しないということは作品に没頭するためのポジションが存在しないことになる。このポジション無くして、果たして「萌え」は可能なのだろうか?

案ずるにはおよばない。やおい作品の作り手、読み手のいずれも、ホモセクシュアルな性行為において、攻める側、受ける側のいずれにも容易に同一化できるのだという。これも愛においてはいかなる立場をも必要としない、女性の強みと言えるだろう。

こうした男女の「立場」に対する態度の違いは、精神分析で説明できる。

ラカンの言葉を用いるのなら、男性の享楽、つまり「主体の立場」を定めたうえでの享楽は「ファルス的な享楽」と呼ばれる。これに対して、女性のように「主体の立場」を完全に抹消してはじめて受け止められる享楽を「他者の享楽」と呼ぶ。制約の多いファルス的享楽に比べ、他者の享楽はより歓びの度合いが大きいとされる。たしかに一つの作品に対する愛の強さで比べるなら、異論もあろうが男性おたくよりも腐女子のほうが勝っているようにも思う。

「カップリング」の謎

さきほども述べたように、榎本氏は「腐女子」の欲望を「位相萌え」と指摘する。位相とは位相差、つまり身分や境遇の「落差」を指す。いや、単に落差だけでは足りない。「腐女子」の嗜好において決定的なのは、「攻×受」と呼ばれるカップリングの問題である。このカップリングを効果的に作り上げるためにこそ、位相差が利用されるのだ。

それならばなぜ、やおい作品では常に男性同士の同性愛が描かれなければならないのだろうか。単に位相差ということならば、女性同士、あるいは男女の関係であっても構わないはずだ。

この問題については、ごく簡単に答えることができる。男性だけが、「攻め」と「受け」のはっきりした身体的互換性を持つからだ。端的に言えば、ペニスとアナルをともに所有するからだ。女性同士もしくは男女間の性行為にあっては、性器の構造上、この互換性が曖昧化してしまう。これにくわえて男性のほうが、より均質で単純な欲望の形式を持っているとイメージされやすいため、関係操作を試みやすい。

やおい世界から女性が排除されがちなのは、「女性」という異物の介在が、虚構世界の均質性に強い違和感をもたらすからだ。それを彼女たちは「生々しくなるから」と表現する。そう、女性キャラの存在は、虚構世界の虚構のレベルを混乱させてしまいかねない。それでは安心して世界に没頭できないではないか。

「腐女子」の欲望をからかった言い回しとして、「茶碗が二個あれば何杯でもお代わりできる」というものが知られている。たとえ二個の茶碗でも、大小があったり優劣があったり、ちょっとでも特徴に差があれば、腐女子はそこに性的関係をいくらでも妄想できるというわけだ。冗談のようで、ここには真理がある。「腐女子」の欲望の形式は、「位相差」と「攻×受」のカップリングで構成されるということだ。

ここでもうひとつの疑問が生ずるだろう。同性愛である必然性はわかったが、なぜ「攻め」と「受け」のカップリングのみが重視されるのか。もちろん「誘い受け」とか「ヘタレ攻め」といったバリエーションはあるにしても、現実の人間関係はもう少し多様だ。なにゆえ「攻×受」の二元論しかないのか。

もっともな疑問だ。おそらく一番簡単な回答は「そのほうが興奮するから」だろう。しかしこれではあんまり身も蓋もない。精神分析は、その興奮が何によるのかを示唆してくれるだろう。

フロイトによれば、関係性のもっとも基本的なありようは、S―Mである。断っておくが性関係という意味ではない。あらゆる人間関係がそうだというのだ。フロイトはサディズムとマゾヒズムの関係のみが、無意識における唯一の関係性であるとすら述べている。

さらに性関係については、こんなことも述べている。

「サディズムとマゾヒズムは、その根底にある能動性と受動性との対立が性生活の普遍的な性格に属するものであるから、性目標の倒錯のなかでは特殊な立場をとる」（『性欲論三篇』『フロイト著作集　第五巻　性欲論　症例研究』人文書院、一九六九年）

言い換えるなら、SMというのは性関係の基本なので、ヘンタイ扱いするのはどうかと思う、ということだ。

つまりこういうことだ。「攻×受」という関係性は、SMにきわめて親和性が高い。これは精神分析的にみても、関係性のエロスにおける基本中の基本ということになる。だから僕は、いやがられることを承知のうえで、「腐女子はみんなフロイディアンだ」と主張しているくらいだ。

関係性へと向けられた熱意は、作品に対する姿勢の違いとしてもはっきりと現れている。たとえば男性のおたくは、作品論的な解釈を巡って対立することが多いが、基本的にはそれほど激しい抗争には至らない。自分とは異なった主張に対する寛容度が高いのだ。

しかし腐女子は作品中のキャラクターのカップリングに異様なこだわりをみせる。つまり、二人のキャラのいずれが攻めで、いずれが受けであるかといった関係性の解釈においてしばしば鋭く対立し、時には激しい抗争すら起こるのだという。

関係性へと向けられた彼女たちの熱意には、いささかたじろがざるを得ない。しかし腐女子の享楽が「他者の享楽」、すなわち関係性の享楽であるのならば、それもまた当然の帰結なのだろう。僕はこうした関係性のありようについて、別の著書でさらに詳しい検討を加えている（『関係の化学としての文学』新潮社、二〇〇九年）。やおい論を援用した文芸批評としては初めての試みと自負している。関心のある方はそちらを併せて読まれることをお勧めしたい。

ひょっとすると女性にとっては、ジェンダーとエロスはそれほどしっかり結びついていないのかもしれない。あえて言えば、ジェンダー以前の、より純粋な関係性のエロスとして彼女たちが見出したのが「攻×受」という形式なのかもしれない。

そういえば、映画評論家の吉田真由美氏は小学館文庫『BANANA　FISH』第一〇巻の解説で「恋愛関係は〝同性間〟においてしか成立し得ない」と述べていた。あるいはこの言葉のかたわらに、橋本治氏の名言「友情はセックスのない恋愛である」を添えてみるのもいいだろう。

腐女子の妄想が切り開くセクシュアリティの未来は、決して異端でも前衛でもない。むしろ彼女たちは、セクシュアリティの根源を目指して、ひたすら遡りつづけているようにもみえる。根源にあるのは「おたくの本質」ではない。人間の、そしてジェンダーの本質がそこにある。少なくとも、僕はそのように確信している。

第六章　男と女の「愛のかたち」

性愛になにを求めるか

最近感心した言葉に、「(思い出を)男はフォルダ保存、女は上書き保存」というものがある。アーティストの一青窈《ひととよう》が、あるテレビ番組で言った言葉だ。

この言葉は、男女の恋愛観の違いについて言われたものだ。これと近い意味の格言には、次のようなものもある。

「男にとって愛は生活の一部だが、女にとって愛はその全部である」(バイロン)

「女はたとえ一〇〇人の男にだまされても、一〇一人目の男を愛するだろう」(キンケル)

ちょっと我田引水めいたことを言えば、これらの言葉は、僕が主張している男性の所有原理と女性の関係原理をうまく言い表している。

これまでも繰り返し言ってきたように、男性は性愛関係を「所有」の原理でしかとらえられない。女性がそれを「関係」の原理でしかとらえられないように。男女における愛情のすれ違いは、こうした原理的なすれ違いだけで、そのほとんどが説明可能だ。

男は恋愛関係の思い出を、別々の「フォルダ」にいつまでもとっておける。だからこそ、同時に複数の異性と交際できるのである。もちろん現在の恋人には、もっとも大きなフォルダがあてがわれるだろう。複数の恋人がいる場合は、本命、二番手、三番手とフォルダの大きさが小さくなる。女性にとっては驚きかもしれないが、過去の恋人に対しても、実は小さめのフォルダがずっと残ることになる。

第三章でもふれたように、男の浮気は単に所有物が増えただけのことなので、どうしてもある程度以上の罪悪感を持つことがむずかしい。かつてほどおおっぴらではないにせよ「浮気は男の甲斐性」的な発想も根強く残っている。だからそうした「戦利品」について、それとなく自慢したがる男も少なくない。

男が性愛関係を所有するというのは、つまりそういうことなのだ。別れに際して男のほうがはるかに未練がましいのは、フォルダがなかなか捨てられないためでもある。

いっぽう女は、現在の関係こそがすべてだ。女にとって性関係とは、まさにあらゆる感情の器にほかならず、それゆえ「一度に一人」が原則だ。新しい恋人が出来るたびに、過去の男は消去（デリート）され、新たな関係が「上書き」される。恋人フォルダには一人分の容量しかないからだ。

僕が「上書き」という言葉に感心したのは、そこに「反復」の要素が含まれているからだ。女の性愛関係には、百パーセントの更新はない。新しい関係にも、どこかかつての関係がこだましていることは珍しくないのだ。似たタイプの男ばかり好きになる、といった場合など、特にそれが当てはまるだろう。

だから女には、男のように「同時に複数」は難しい。既婚女性にとっては、浮気は事実上、結婚生活の心理的な終わりにほかならないのだ。たしかに複数の男性と同時につきあえるような「浮気性」の女性も存在する。しかしそれは何かの事情で、そこだけ男性化した女性と僕は考えることにしている。でなければ「同時に複数」は、しばしば自暴自棄、あるいは自傷行為めいた行為にみえてしまう。

それでは不公平だと思われただろうか。あるいは「そんなはずはない」と違和感を感じただろうか。

しかしこのようなジェンダー格差は、しっかりと「世間」の価値観にも根を下ろしている。

少なくとも「世間」において、男性の性遍歴は「男らしさ」の証しとして肯定的に、ときには一種の勲章として評価されがちだ。「プレイボーイ」「艶福家《えんぷくか》」「ドンファン」などという言葉は、どちらかといえば肯定的評価であろう。もちろん「女たらし」「女にだらしがない」などといった批判的言い回しもあるが、それすらどこか苦笑混じりというニュアンスがある。

しかし性遍歴の多い女性については、世間はいまだ、驚くほど厳しい見方をする。そういう女性を中傷するボキャブラリーは、男性とは比較にならないほど多い。「尻軽女」「雌犬」「あばずれ」「売春婦」などなど、ここに書くことが憚《はばか》られるような陰惨な表現がまだまだある。そう、女にとって「恋多き」ことが勲章たりうるのは、女優やアーティストといった、特殊な立場にほぼ限られてしまうのだ。

それゆえ「男の浮気」は苦笑とともに許容されても、「女の浮気」は顰蹙《ひんしゅく》や誹謗《ひぼう》中傷の対象になりやすい。世のお父さん方が若き日の「泣かせた女性の数（＝所有の量）」を懺《ざん》悔《げ》してみせたり、お母さん方がただひとつの「大恋愛（＝関係の質）」の経験を語ってみせたりするのは、そのようなわけなのである。

世間という言い方をしたが、おそらくこうした価値観は、文化を問わず広く共有されているはずだ。このように、性愛をめぐる価値規範もまた、「男性の所有原理」と「女性の関係原理」を前提としている。ここでは「ジェンダー」と「性愛の価値規範」とが、互いに補強し合うような循環的関係におかれているのだ。おおげさではなしに、男と女の性愛観の違いには、ジェンダーが社会的に構築されていくさまがはっきりと刻印されている。

そんな性意識はもはや古い？　そう言いたい気持ちもわからないではない。

もしあなたがまだ若く、それはもう活発な性生活を営んでいる場合には、そう感じるのも無理はない。現実の性生活は、あまりにも多様なので、かえってジェンダーごとの差異はみえにくくなってしまう。しかし、これからあなたがさらに成熟し、あるいは年老いていくにつれて、ジェンダー間における性意識の違いに驚かされるだろうことは、ほとんど時間の問題だ。

男女関係の究極を「性行為」ととらえるのは、本当は所有原理（＝男性原理）なのである。これはなにも、女性に性欲がないなどと言いたいわけではない。もちろん女性にも性欲はある。ただ女性の欲望は、必ずしも性交＝所有を目指すものではなく、スキンシップなどを含む非定形なものだ。こちらは基本的に関係原理である。所有欲は単純でわかりやすいが、関係欲は多様で複雑なのである。

だから女性が積極的に性交そのものを求めてやまないことがあるとすれば、それは子を欲している場合か、男性の欲望（＝ファルス）が転移している場合に限られるはずだ。

所有ははっきりとした所有の刻印、すなわち性交の実現を求めてやまない。男の性愛関係はそこでひとつのピークをむかえ、場合によってはそこで終わる。しかし女性の場合は、セックスは関係性のはじまりにすぎない。この意識のすれ違いが、多くの恋人たちに不幸をもたらしている。

いや、恋人ばかりではない。夫婦間の問題にも、こうしたすれ違いが絡むことは、第三章で見てきたとおりである。

夫婦においては「夫婦生活」があるべき、という「男性原理」は、欧米のほうがはるかに強い。円満な結婚生活において、セックスはほとんど自明の前提だ。しかし、母子関係が家族の基軸になりやすい日本や韓国においては、結婚後にジェンダー間の欲望格差があっさりと露呈してしまいやすい。

その結果、夫は家庭の外（仕事、不倫その他）に所有原理を追求し、妻はわが子との密着関係において関係原理の再現を夢想することになる。「セックスレス」の問題が、日本と韓国で突出して多い背景には、こうした要因があるだろう。

こんなふうに、性愛の形式一つとっても、ジェンダー間の差は意外に大きい。性愛意識の違いに、所有原理と関係原理がどんな影響をもたらしているか、他の例についても検討してみよう。

ポルノグラフィー

ここではまず、「ヌード写真」について考えてみよう。ただヌード写真と言っただけで、ほとんどの人が「女性の裸体」を連想したはずだ。これは要するに、「女性のヌード」への需要が、男性のそれよりもはるかに多いことを意味するだろう。

別の例で言えば、「脱いだか否か」で大騒ぎになるのはほぼ女優のみ（宮沢りえの『サンタフェ』はほとんど〝事件〟だった）で、男優がそういう話題で盛り上がることはめったにない。近年、美男で知られる野球選手やジャニーズの若手俳優がヌードになって話題になったりしてはいるが、これらはまだまだ例外的なできごとだ。

かつてフェミニズムの文脈というよりは、男と女はあくまでも平等かつ対称的であるべきという強迫的な信念から、アメリカの女性誌がさかんに男性ヌードを掲載したことがあった。「プレイガール」などの女性誌には、いまでも男性ヌードが特集されているらしい。ただし購買層にはゲイが多いことが知られている。要するに、一般的な女性にとっては「男性ヌード」の需要があまりないのだ。

この違いは何によるものだろうか。

ひとつはおたくに関する第五章でも述べたように、男性の性的欲望は、女性よりもはるかに視覚に依存する、ということがある。男性にとって「視ること」、すなわち「視覚情報を所有すること」は、すでに性行為のなかばなのだ。それゆえヌード写真が求められるのはごく自然な成り行きなのである。

いっぽう女性の性的欲望は、まず第一に、関係性によって賦《ふ》活《かつ》される。しかし写真の被写体とはいかなる関係も持ち得ない。つまり女性的な欲望が、単なる視覚のみを介して刺激されることは、きわめて起こりにくいのだ。

むしろしばしば耳にするのは、女性もまた、男性ヌードよりは女性のヌードを見たがるという傾向である。この事実は、ラカンによる「異性愛者とは……その固有の性に関係なく、女性を愛する者のことである」という指摘を連想させる。ここから考えられるのは、異性愛者におけるセクシュアル・ファンタジーは、ジェンダーのいかんにかかわらず、常に女性の身体を通じて表現されるという可能性である。

堀あきこ『欲望のコード』(臨川書店、二〇〇九年)によれば、女性向けのレディースコミックにおける性描写においても、男性のポルノコミック同様、描かれるのは女性の身体である。ただしそこで女性の裸体が必要とされるのは、あくまでも読者が同一化するためであるという。

ここで興味深いのは、「男性向けポルノコミックで、物語の頂点がセックスシーン、それも男性の射精シーンにあったことに比べ、レディコミの、延々と続く性的快楽に女性が身を委ねる様子が描かれているエンディングは、非常に特徴的である」という指摘だ。ここにはさきほど僕が指摘した、性行為に対する男と女の意識の違いが反映されている。繰り返すが、「射精」とはいわば「所有の刻印」だ。いっぽう「終わらない性的快楽」は、関係性の持続を意味するだろう。

もう一点、堀氏の指摘で興味深いのは、男性向けのポルノコミックでは、しばしば性行為の場面において男性の身体が透明化したり、顔や表情が描かれなかったりする傾向についてのものである。

これはポルノコミックに限らず、アダルトビデオなどでもこうした描写は珍しくない。主演女優に比べれば、しばしば男優は匿名的に描かれることが多いのだ。顔が映ることが重視される女優に比べ、男優の顔はほとんどどうでもいい扱いを受ける（著名な男優の場合はその限りではないが）。

読者が同一化するために女性の身体が描かれる女性向けのポルノコミックとは、この点が異なっている。男性は、性行為の現場では欠けた空白の位置を占めることになる。女性が身体イメージに対して同一化を行うのに対して、男性は女性身体と対峙する空白の「位置そのもの」に同一化するのだ。

精神分析的には女性の同一化を想像的同一化、男性のそれは象徴的同一化と考えることもできる。この点はきわめて重要なので、後でもう一度ふれる。

ポルノグラフィーは女性への暴力にほかならないという指摘は数多くなされてきた。僕自身はどうかと言えば、昔からそれほどポルノを必要としない草食系男子のはしりみたいな人間なもので、「明日からポルノは全面禁止です」となっても、そんなに困りはしないだろう。しかし政治的には、ゆきすぎたポルノ規制にはもちろん反対だ。表現と欲望はいかなる規制をも免れる、というのが僕の立場だからだ。「禁止」できるのは、あくまでも「行為」までである。

しかしそれでも、ポルノ規制論者の発言には耳を傾ける意味がある。なぜならそこには、はしなくも女性のセクシュアリティに関する本質的な指摘がみられるからだ。

フェミニズムの側からのポルノ反対論と言えば、キャサリン・A・マッキノンとアンドレア・ドウォーキンの名前がまず思い浮かぶ。彼女たちは売買春とともに、ポルノを性差別、すなわち男による女の支配構造を作り出すものとして徹底批判した。

欲望がポルノを作るのではなく、ポルノが欲望を作る。それが彼女たちの主張だ。そこでは裸の女性が見世物にされ、奴隷のように扱われ、暴行を受け蹂躙《じゅうりん》されるなど、あたかもモノとして一方的に支配されている。その結果、男女間の支配と従属こそがセクシュアルなものとみなされることになる（キャサリン・A・マッキノン『フェミニズムと表現の自由』明石書店、一九九三年）。

あるいはドウォーキンは次のように言う。「性交は通常、所有の一形態、もしくは所有の行為として書かれ、理解されている。（中略）女を貫くことによって、男は女に支配的になる。彼の貫きは、女が征服者としての彼に降伏すること、女が彼に自己を譲り渡すこととして理解されている。男は、性交という女所有によって、女を占領し、支配し、女に対する基本的な優位を表現する」（『インターコース——性的行為の政治学』青土社、一九九〇年）。

これらは一種の極論であり、いまや歴史的な証言という価値以上のものは期待できないのだろうか？　実は、僕は必ずしもそうは思わない。もちろんこれらの議論に基づきポルノを規制せよ、という発想にはまったく同意はできないが、それでも彼女たちの言葉には一面の真実がある。

たとえばドウォーキンの性交に関する指摘は、本書で僕が主張していることにかなり近い。ここに欠けているのは、「女性にとっての性交の意味」だが、それはすでに述べた。あるいはマッキノン。彼女の指摘もまた、部分的には正しい。しかし問題なのは、「やおい」作品などですでに確認済みのように、支配と従属、言い換えるならSとMこそが、性関係におけるもっとも基本的な要素である、ということだ。

もし男女間に「完全な平等」が実現したら、それはセクシュアリティの、いやそれどころか、欲望の消滅を意味するだろう。だから僕たちは——それが可能であるとして——選択しなければならないのだ。「支配と従属と欲望のある世界」か、「支配も従属も欲望もない世界」のいずれかを。

しかし答えはすでに明らかだ。後者が選択されることは決してない。「支配」「従属」「欲望」が消滅したとき、「人間」もまた消滅するだろうから。善い悪いの話ではないし、実証可能な話でもない。ただ、そういうものなのだ。

僕たちは「そういう存在」だからこそ、倫理や制度を必要とする。少なくともこの本は、そのような立場から書かれている。

男は顔、女は声

性愛やポルノといった、いくぶんヘビーな話題が続いたので、ここでちょっと気軽な話題に移ろう。

異性の体でどこに魅力を感じるかという点でも、男性と女性の意見はかなり異なる。

まあ男性の平均的な意見が、ほとんど胸やお尻に集中するだろうことは容易に予想できる。いっぽう女性の場合よく聞かれるのは、男性の「腕」や「指」あるいは「眼」に魅力を感じる、という声だ。ここまで読んでくれた人には、この違いはわかりやすいだろう。

胸やお尻が好き、というのは、要するに「フェチ」である。これに限らず、男性の女性の体へのこだわりについては「足フェチ」とか「鎖骨フェチ」みたいな言い方をすることが多い。フェチという言葉は、男は女性の人格とは無関係に、女性の身体そのものに欲望できるということを意味している。言ってみればこれも「女性のモノ化」であり、「所有の視線」にほかならない。しかしこれは、政治ではなく欲望の問題なので、批判や禁止でどうこうできるものではない。

いっぽう女性のこだわりが向かうのは、ここでも「関係」だ。おわかりのとおり、腕や指、あるいは眼という器官は、すべて関係するための器官だ。女性はその腕に抱かれ、その指に触れられ、その眼にみつめられる自分自身とセットで、それらの器官に魅力を感じている。

しかし、「どこに魅力を感じるか」についての話題には、まだ先がある。

つねづね思っていたのだが、異性のどこに魅力を感じるかという点で、男女で一番分かれるのは、「ルックス」と「声」ではないだろうか。

「男は目で恋をし、女は耳で恋に落ちる」（ウッドロー・ワイアット）なんて格言もあるくらいだ。

もちろん「面食い」は男女ともにいるけれど、スタイルやルックスにあくまでもこだわる傾向は、男性のほうに強いように思う。しかしそのぶん、男は女の「声」にはおどろくほど無頓着だ。顔さえ良ければ相当の悪声でも個性的な美声に「脳内変換」されてしまう。

いっぽう、女性のがわの男性の声に対するこだわりは結構強い。芸能人でよく耳にするのは福山雅治とか小栗旬、オダギリジョーあたりだろうか。しかし特筆すべきは政治学者の姜尚中氏で、彼の魅力として第一にその「声」を挙げる女性は多い。男性が声が良いからこの女性学者のファンになりました、などという話はあまり聞かない。やはり男は、どうしても顔に反応してしまうのだろう。

別の例で言えば、「ＢＬＣＤ」なるものをご存じだろうか。本来ならおたく系の話題でふれるべきなのかもしれないが、ＢＬ、すなわち男同士の恋愛ドラマを、声優のエロティックな音声のみで展開したＣＤのことだ。正確な市場規模はわからないが、これが一二〇億円と言われる腐女子マーケットの大きな一角を占めることは間違いない。中には男性声優が昔話を官能的に朗読するＣＤ「官能昔話」なるものまであるらしい。

もちろん対象者は主に腐女子ということになるが、僕は腐女子の嗜好に、女性一般に通ずる普遍性があると確信しているので、これは女性ならではのマーケットと言えるだろう。男性向けには同様のＣＤはそれほど多くない。もちろん男性も、エロゲーなどで女性声優のエロティックな声を楽しむことはあるが、それはあくまでもゲームのビジュアルが先行したうえでの話である。ここでも男性は、あくまでも視覚（＝所有）優位なのだ。

それではなぜ、女性は「声」を重視するのだろうか。男性が視覚情報を「所有する」と言えるなら、女性が聴覚情報を「所有する」と言ってはいけないのだろうか。

もちろん、そういう言い方も不可能ではない。しかし精神分析的に考えるなら、やはりそれは間違いだ。視覚は常に「全体のイメージ」をとらえようとするので、所有欲につながりやすい性質を持っている。しかし聴覚は、常に「全体のイメージ」を逃れようとする傾向を持つので、けっして所有欲を満たしてくれない。これは大きな違いだ。

言い換えるなら、視覚のイメージを所有するとき、主体は常にイメージを俯瞰《ふかん》するような上位に立っている。所有者なのだから当然だ。しかし、所有できない声＝聴覚イメージに身を任せるとき、しばしば主体は「声」によって支配されることになる。つまり、声という別の主体に、自分の体を明けわたすことになるのだ。視覚イメージは距離感をもたらすが、聴覚イメージはこうした関係性を通じて、独特の親密さをもたらすのだろう。

たとえばよく言われることだが、ラジオは人々を扇動する力があるけれど、テレビはむしろ指導者のうさんくささを暴いてしまう傾向がある。この違いにも、聴覚イメージが持っている独特の作用が反映しているのではないだろうか。

このあたり、もちろん僕は本気で書いているけれど、実証はできないし、またしようがないから、納得できない人まで無理に説得するつもりはない。実感的にわかってもらえる人もいるだろうが、そうでなければ、精神分析的にはそういう考え方もあるんだ、というくらいのつもりで読んで欲しい。

おとこソファー

僕はかつて、ある有名な精神科医から、「おとこソファー」なる言葉を教わったことがある。その方の不名誉になってはいけないので、いちおう名前はふせておく。念のためにグーグルで検索してみたがみあたらないので、どうやら彼女の造語らしい。

おとこソファーとは何か。

仕事で疲れ切って帰宅した独り身の女性を優しく包み込み、癒してくれる素敵な家具。それが「おとこソファー」だ。ただしソファーの材質は、若いイケメンである。間違っても中高年のおっさんではない。

この言葉から僕がすぐに連想したのは「花より男子」「メイちゃんの執事」「花ざかりの君たちへ」「アタシんちの男子」といった、ここ数年の間にヒットしたドラマや映画だった。ほとんどは漫画が原作なのだが、ドラマのほうを連想したのは、なんといってもその番宣用のポスターがけっこう似通っていたせいもある。どれも一人の女優を中心として、周りに複数の、あるいは無数の若いイケメンをちりばめたゴージャスなイメージなのだ。

もちろんそれぞれにストーリーは異なるのだが、視聴者向けのアピール手法がこれほど似通ってしまうということは、このイメージには普遍的なものがある証しとも考えられる。

そういえば妻が、最近「イル・ディーヴォ」なる声楽ユニットにはまっていたのを思い出した。

「イル・ディーヴォ」は、イギリスでデビューしたイケメン（ただし中年）四人によるヴォーカル・グループだ。オーディション番組の審査員などで有名なプロデューサーが、三大テノールの人気にヒントを得て結成したユニットである由。オペラの唱法でクラシックからポップスまで朗々と歌いあげる。デビュー以来、全世界的な人気を誇り、二〇〇六年FIFAワールドカップのテーマソングも歌っている。ベルカントでポップスを歌うグループという、ありそうでなかったアイディアはみごとに当たったわけだ。

妻に「おとこソファー」の話をしてみたら、「そう！　まさにそんな感じ！」と熱く同意されてしまった。どうやら「イル・ディーヴォ」を聴く楽しみは、単に素晴らしい音楽ということ以上に、複数の素敵な男性にサーヴィスされる快楽も大きいらしい。

ところで僕の考えでは、たぶん男性にはこうした欲望はあまりない。

なるほど「ハーレム願望」はあるかもしれない。大勢の女性からちやほやされたいというモテ願望は、ほんらい男性のものなのかもしれない。しかし「複数の異性に囲まれたい」という欲望のありようについても、男性と女性では大きく異なるように思う。たとえば今のジャニーズ人気と、「モー娘。」ないし「AKB48」人気が本質的に違っているように。

「おとこソファー」と聞いて僕がすぐ連想したのは、マリリン・モンローが主演した映画「紳士は金髪がお好き」のミュージカルシーンだった。あるいはそのパロディであるマドンナの「マテリアル・ガール」のPV（プロモーション・ビデオ）でもいい。

いずれも一人の金髪美女が、彼女に言い寄ろうとする大勢のタキシード姿の男性たちを巧みにかわしつつ艶《あで》やかに踊る。ちなみに「マテリアル・ガール」には、複数の男性の腕に支えられてマドンナが寝そべるという、文字どおりの「おとこソファー」シーンも登場する。

これも、男女逆のバージョンはちょっと想像しにくい。腕力とかの問題だけではなく、男性のハーレム状態は、とにかく見た目がよろしくない。でなければデイヴィッド・リー・ロスのPVなどがそうだったように、単なるパロディか中学生じみた妄想として笑い飛ばされるだけのことだ。大人の男性がその画像にうっとり、ということはまずありえない。

こうした違いはどこから来るか。

これまでの議論を読んできた人は、不可解に感ずるかもしれない。もし男性が所有原理で動くというのなら、多くの女性を所有しているハーレム状態こそが究極の理想のはずではないか。

ここには明らかに、ジェンダーの非対称性という問題がみてとれる。少なくとも、男女役割を逆転させる快、といったフェミニズム的解釈は当たらないだろう。むしろ「おとこソファー」とフェミニズムは、相容《あいい》れない要素をはらんでいるはずだ。おそらくこの非対称には、男女の欲望の根本的な違いがかかわっている。欲望の中心に位置づけられる主体のありようが百八十度異なるのだ。どういうことだろうか。

ここで「ハーレム」や「おとこソファー」を、ひとつの「表現」として考えてみよう。本来の意味で「ハーレム」の中心にいる男性は、「マッチョな欲望の主体」という役割を完璧に演じきらなければならない。たった一人の異性だけを大切にするような「ひ弱な主体」であることは許されないのだ。多数の女性を所有し、次々に相手を変えて交われるような絶倫な主体。それは男性のひそかな憧れなのかもしれないが、いざその主体がイメージとして〝表現〟されてしまうと、そこに同一化することは著しく困難になってしまう。

さきほどポルノの項でみてきたように、性の主体としての男性の位置は、欠如ないし空白であるほうがはるかに同一化が起こりやすい。実は、これはフィクション一般の法則でもある。

まさかと思うだろうか。しかし、われらがノーベル賞候補作家、村上春樹の作品群を眺めてみるとよい。主人公の男性は、ほぼ例外なく、性については受け身である。彼らが淡々とパスタをゆでたりビールを飲んだり「やれやれ」とか言ったりしていると、いつの間にか魅力的な女性が次々と接近してきては、首尾良く性行為が成立してしまう。恋愛の駆け引きめいたものはほとんど描かれない。

そんなご都合主義は許さないと村上氏を糾弾した批評家もいるやに聞くが、それは野暮というものである。「お話」とは、虚構とは、つまり「そういうもの」なのだ。

春樹作品の主人公は、欲望の主体としてはまるで空虚だ。なぜか。答えはただひとつ、「そのほうが男性読者が同一化しやすい」からである。作品の中で、欲望の主体の座はつねに空席なのだ。だから男性読者は、スムーズにその空席を占有できる。すなわち「同一化」し所有することができるのだ。

漫画やアニメにはハーレムものがあるじゃないか、という指摘もあるだろう。そう『あっ女神さまっ』『天地無用!』『魔法先生ネギま!』など、こういう設定は実に多く、もはやひとつのジャンルを形成している。しかし、よく考えて欲しいのは、これらの物語においても中心にいるのは、性については凡庸で消極的な男性主人公である、という点だ(『うる星やつら』の主人公・諸星あたるは性に積極的ではないか、という指摘もあるだろう。しかし思い出して欲しい。彼が作中もっとも魅力的なヒロイン・ラムに対してどんな態度をとっていたかを)。それゆえ(当然ながら)性の交わりは一切描かれない。だからこそ男性はそのポジションに同一化し、ありえたかもしれない性の饗宴を(二次創作などで)夢想できるのだ。

いっぽう女性は、男性のようにはフィクションを読まない。

彼女たちは男性よりもはるかに同一化能力に長《た》けているので、ヒロインが積極的に描かれようと受け身的に描かれようと、自由にその立場に感情移入することができる。あえて対比的に言えば、主人公の座を「所有」しなければおさまらない男性に対して、女性はその座と自由に「関係」することができる。それゆえ描写さえしっかりしているなら、能動、受動は問われないのだ。

とはいえ能動的な主体、たとえば多くの漫画やアニメに描かれる「戦闘美少女」や、安野モヨコの作品などに登場するようなアグレッシブな女性に感情移入するには、それなりにエネルギーが必要だ。

仕事やストレスに疲れた女性は、ときどき関係性の一方の極、すなわち受動態のきわみに身を置いて癒されたいと考えている。能動的でしかあり得ない所有欲とは異なり、関係欲は受動性にもつながりやすい。

「おとこソファー」に抱かれる女性は、多くの美しい男性からサーヴされる、すなわち欲望される主体として、自らは主体の位置を降りることができる。自分自身を空っぽにして、美しい男性たちの腕に空洞の身体をゆだねること。

男性の同一化は身体そのものが「透明化」、すなわち欠如することで成立していたが、女性は同一化のために「身体」を必要とする。おそらくこの点が最大の違いということになるだろう。「おとこソファー」として描き出されるのは、ひたすら欲望のまなざしを集めるだけの、空っぽな女性身体である。これこそが究極の受動態なのだ。きっとそこには、男性にはわからない女性だけの桃源郷が広がっているに違いない。

終章　「ジェンダー」の精神分析

はじめに「去勢」ありき

ここまでの章で、男性の所有原理と女性の関係原理という欲望の二大原則については、おおまかに理解してもらえたことと思う。もちろん、まだ納得がいかないという人もいるだろう。でも、少なくとも僕がそんなふうに考えるに至った筋道については、ある程度わかってもらえたのではないだろうか。

いよいよ結論を出さなければならないこの章では、まずジェンダーの成り立ちから説き起こす。ついで、それがどのようにして「欲望の二大原則」にまで至り得たかを検討してみよう。

ジェンダーについて、僕は常に「精神分析」の立場から考えている。なぜなら「性」ほど、普遍にして固有なものはほかにないからだ。誰もが性別を持ち、それぞれの性生活を持っている。しかし、これほどいろんなことが「あけすけ」になった現代にあっても、「性の秘密」は特別な意味を持っている。個人の性生活とは、もっともパブリックにしてプライヴェートな問題領域なのだ。

精神分析は、もっともプライヴェートな問題に接近するための普遍的な手法として、ちょっとこれ以上のものはないほどの「発明」だ。よく誤解されているように、それは問題を理論に還元することではまったくない。むしろ精神分析は、問題の細部をよりよく見るために用いられる顕微鏡のような道具なのだ。

精神分析の創始者であるジークムント・フロイトは、なんでもセックスに結びつけて考えるようにみえたため、汎性説などとからかわれた。もちろんこれは誤解なのだが、しかし精神分析にとって、そして人間という存在にとって、「性」が根源的な意味を持っているのはほんとうだ。

ここではまず、ジェンダーの成り立ちについて精神分析はどのように考えているのか、そのあたりからざっとおさらいしておきたい。

まず一番基本的な「去勢」の過程についてみてみよう。

第二章でみてきたように、生物としての人間の基本は「雌」だった。すべての胎児はまず雌としてかたちづくられる。それが男性ホルモンを浴びることで、「雄」の器官が分化してくる。

しかし精神分析の文脈では、これが逆になる。人間はまず男として生まれ、そのあとで女としての自覚がもたらされることになるのだ。だから第一章冒頭で引用したボーヴォワールの「人は女に生まれない。女になるのだ」という言葉は、精神分析的な真理ということになる。

精神分析によれば、人間が人間としてかたちづくられていくうえでは、ペニスとその去勢がきわめて重要な意味を持つ。

まだ言葉を話せない幼児（男子）は、母親との一体感の中に生きている。そこは自分自身と母親との区別すら曖昧な、混沌とした空間だ。このとき幼児にとって、唯一にして理想の対象は母親であり、彼らの幻想の中で、母親は万能の存在となる。すべてを与え、なんでも実現してくれる母親。そんな母親とともにあることで、子供は、なにものにも脅かされない大きな安心を得ている。

そんな幼児にとって、自分のペニスはかけがえのない器官だ。それはさまざまな快楽の源であり、自分の分身でもある。さらに幼児は、自分と同じように、すべての人間がペニスを持つと考えている。もちろん母親もそうだ。だからさきほど述べた「万能の母親」は、「ペニスを持った母親＝ファリック・マザー」とも呼ばれる。

しかし幼児はやがて、自分にはあるペニスが母親にはないことを（入浴中などに）発見するだろう。

彼はここで、自分のペニスも誰かに切り取られてしまうのではないかという強い不安にかられる。「去勢コンプレックス」と呼ばれる不安だ。ここではじめて幼児は、母親が実は完全でも万能でもないことに気付きはじめる。母親には父親のようなペニスが欠けていること、そして母親が、父親とそのペニスを欲望しているということに、子供は大きなショックを受ける。

さて、ショックを受けた子供はどうするだろう。子供はまず、母親にとってのペニスでありたいと願う。つまり子供は、自らがペニスとなって母親に欠けているものを補い、母親の欲望を受けとめようとするのだ。

しかし、ここにも父親は介入してくる。父親は、母と子の間に割って入り、その近親相姦的な関係を禁止する。このとき「父親」は母親を巡るライバルとして子供の前に立ちはだかる。母親を巡る三角関係。母親に憧れ、父親を憎むというこの感情が、かの「エディプス・コンプレックス」となる。

ここでいう「父親」は現実の父親であってもいいし、もっと抽象的な「父親的存在」であってもかまわない。「父親的存在」は、社会的な規範や倫理を子供に押しつける、いわば法律のような存在だ。子供が自律した個人として社会性を獲得していくためには、この「父親」の介入が欠かせない。

ここで「父親」には到底かなわないと悟った男の子は、自らが母親のペニスであろうとする欲望もあきらめなければならない。そして、母親に同一化することをやめ、父親に同一化しようと試みる。つまり「父親のようなペニスを持ちたい」と欲望するようになるのだ。

かくして子供は、全能の母親というイメージを捨てる。母親にペニスがないことを受け入れ、自分が母親のペニスに「なる」こともあきらめる。そう、「去勢」とは「母親のペニスをあきらめる」ことなのだ。

ペニスをあきらめるかわりに、子供はペニスの象徴（＝ファルス）によってその欠如を埋めあわせようとする。実物のかわりにシンボルを受け入れるのだ。実はこの手続きは、言語のシステムを受け入れるとっかかりとして、とても重要なものだ。

言語はものの身代わりとしても使用されるが、最初の身代わりがファルスなのだから。言い換えるならファルスこそは、あらゆる言語（＝シニフィアン）の根源におかれた、特権的な象徴にほかならない。

言語は、もともと主体の一部ではない。それは子供がはじめて出会う、最初の「大いなる他者」なのだ。学習によって「言葉という他者」をインストールされた主体は、自らの中心に他者という欠如を抱えこむことになる。かくして「他者としての言語」は人間の「無意識」を構成し、そこに埋め込まれた「欠如」は人間に「欲望」をもたらすだろう。

以上を整理するとこうなる。言語の獲得→他者のインストール→欠如の埋め込み→欲望の出現。

ファルスが他者であるとか言われても、ぴんと来ないかもしれない。しかし、ペニスがファルスとして象徴化されていることを示す証拠はたくさんある。たとえば夢や物語などでは、ペニスとかそれに似たものが、しばしば身体から分離されたかたちで出現する。漫画などでは、ペニスそのものがキャラクター化されている場合もある。こんなふうに、僕たちにとって、ファルスはもっとも身近な他者なのだ。

さて、もういちど去勢の過程を思い出してみよう。

男の子は、はじめ母親に欠如しているペニスそのものに「なりたい」と願う。しかしその欲望は「去勢」されることで、父親と同じようなペニスを「持ちたい」という欲望へと変化する。この過程は一種の「成熟」だ。

「なりたい」から「持ちたい」へ。

これこそが、男性における「所有原理」のはじまりなのである。

「倒錯」について

ラカンはフェティシズムや同性愛などの「倒錯」について、ここでいう去勢を否認している状態として説明した（「倒錯」という言葉は、どうしても差別や価値判断につながりやすいので、以下「セクシュアル・マイノリティ」で統一する）。否認というのは、すでに去勢が起こっていることを本当は知っているのに、それを認めないことを意味する。どういうことだろうか。

実は去勢の過程の中で、すでに「ヘテロセクシズム」の刷り込みがはじまっているのだ。世界には少なくとも二つのジェンダーがあり、異性愛主義という象徴的なシステムのもとで統合されている、という理解。だから去勢を素直に受け入れた人間は必然的に異性愛者になる。しかし、受け入れられなかったものはセクシュアル・マイノリティになるほかはない。

もちろん「去勢」は「正常な発育過程」とイコールとは言い切れない。立派に去勢された「健全な性犯罪者」だってたくさんいるからだ。去勢を受け入れるか否かは、本当は価値判断とは無関係な話なのだ。そのうえで言うのだが、「去勢」が、人間を「語る存在」にするという前提が揺らがない限り、それを否認する存在が文字通りの少数派（マイノリティ）にとどまってしまうことは避けられない。

ところでラカンによれば「セクシュアル・マイノリティ」の人々の欲望は、後で述べる「ファルス的享楽」に向かうとされる。だとすれば彼らの欲望は、基本的に「所有」欲に近いことになる。身体的な要因によらないマイノリティ（フェティシストを含む）の人々に男性が多いのはこのためであろう。

ならば、レズビアン、すなわち女性の同性愛はどうなるのか。フロイト＝ラカンの答えは明快だ。彼女たちは、自分もまた女性を愛する能力を持っていることを、「父親」に対して誇示しているのだ。それは母親のために男になり、母親の不満を埋め合わせようとする試みでもあるという。それは「行動化」の一種であって、「倒錯」とは異なるものとされる。

この説明は明快すぎて、なにか重要なことをとりこぼしている印象がある。当事者の同意もあまり得られそうにない。そもそも、次々項で述べるように女性を謎とか、存在しないとか言っておきながら、女性同性愛についてはクリアに説明できるという矛盾をどうするのか。

フェミニズムの文脈では、女性同性愛を女性の身体イメージに対するフェティシズムとする見解もあるようだが、そうだとすれば、ここでは関係原理から所有原理への移行がなされているわけで、その発達的な位置づけが問われることになるだろう。

ちなみに僕は、女性同性愛者の欲望については、後で述べる母娘関係の特異性が深く関係していると考えている。ということは、身体性や関係性といった視点からの検討も今後必要になるはずだ。いずれにせよ、この問題は本書の主張からすればかなり高度の応用編になりそうなので、今はここまでとする。セクシュアル・マイノリティのジェンダーについての検討は、機会をあらためて行いたい。

「女になる」ということ

男子の「去勢」については理解できたとして、女の子はどのような過程を経て「女」になるのだろうか。

男の子たちのペニスを見て、女の子は「自分にはあれがない」と気付く。そこから「私もあれが欲しい」という気持ちを抱く。これが悪名高い「ペニス羨望」のはじまりだ。いやいや、「そんな気持ちありえない」とか言わずに、もう少しだけつきあって欲しい。

自分にも母親にもペニスがないことに気付いた女の子は、これをきっかけに母親に愛想を尽かし、その欲望は父親へと向かう。これがフロイトによって「生涯続く」とされた、女性のエディプス・コンプレックスだ。

女の子のエディプス・コンプレックスは、この、父親へ欲望が向かいはじめた時点にははじまり、その後ほぼ一生涯続く。ペニス羨望は、セックスでペニスを享受したいという願望に変わり、ここで性感帯がクリトリスから膣に変わる。膣でペニスを享受したいという段階にいたった女性は、さらにペニスの代理物としての「子供」を生みたいという願望を持つようになるとされる。

このあたりの経緯については、念のためにフロイトの言葉も引用しておこう。

女の子のエディプス・コンプレクスは、父親から贈物として子供をもらいたい、父親の子供を生みたいという願望——それは長いあいだ抱き続けられるが——において極点に達する。しかしこのような願望は決して満たされるものではないので、やがてエディプス・コンプレクスは、しだいに消滅してゆくような印象を受ける。このペニスと子供をもちたいという二つの願望は、無意識の中にしっかりと根をおろして、女性が後年その性的役割を演ずるための準備をするのに役立つ。

(「エディプス・コンプレクスの消滅」『フロイト著作集　第六巻　自我論・不安本能論』人文書院、一九七〇年)

もちろんフロイトの記述には納得のいかない女性も多いだろう。とりわけ「ペニス羨望」とか「膣の快感」などのくだりは、フェミニストたちから何度も総攻撃をくらってきた。それでも僕がフロイトを支持するのは、男性と女性の欲望が異なるものに変わっていく過程を、これ以上ないほど鮮やかに説明しているからだ。

話をもどそう。つまり、女性にあっては、最初の「持ちたい」という所有の欲望は、ペニスの享受や出産といった「関係性」をめぐる欲望へと「成熟」してゆくのである。これが女性における「関係原理」のはじまりだ。

所有を求める男の欲望は、実は関係性抜きでも成立する。しかし女の欲望は、対象との関係なくしては成立しない。すでに発達の段階で、こうした「所有原理」と「関係原理」のはっきりした分化がみてとれる。

比べてみればあきらかだが、男の欲望はかなり単純なかたちを持っている。ただ、「関係性」抜きに「所有」だけを目指すことができる男性の欲望は、一部の女性にとってはわかりにくいこともあるようだ。しかし僕に言わせれば、女性の欲望の成立過程のほうがずっと複雑だ。だから「女性とは何か」「女性は何を欲しているのか」といった問いは、精神分析においてもずっと難問であり続けている。

女は存在しない？

そう、実のところ精神分析は、ずっと「女性とは何か」という問題につまずき続けてきたとも言える。

そもそもフロイト自身が、この問題にはずいぶんと頭を悩ませていた。たとえば彼は、こんな言葉を残している。

「女性が何であるかを記述することは精神分析の仕事ではない」
「精神分析の仕事は、どのように、両性具有の傾向を持つ子供が、ひとりの女性になるのかを研究することである」

こういう言葉をみると、精神分析家までが「女性って、なに考えてるのかわからない」と言っているようにもみえる。

これがフロイトの後継者を自任したラカンとなると、さらに過激な表現になる。ラカンはあろうことか「女は存在しない」と言い切ってしまうのだ（ジャック・ラカン『セミネールXX アンコール』スイユ社〈邦訳は未刊〉）。これまたフェミニストからいっせいに反発されそうな言葉だけど、意外なことに、リュス・イリガライやバトラーらのフェミニストがいちばん活用している精神分析の理論は、ほぼ決まってラカン理論なのだ。

言うまでもなく「女は存在しない」という言葉は、決して女性蔑視の表現ではない。あのラカンが、そんなベタな発言をするわけがないのだ（とはいえ過去には、家父長制礼賛発言、なんて「前歴」もあるけれど）。彼はもちろん、ありうる反発をすべて見越したうえで、あえてこの挑発的な言葉を言い放っている。それというのも、女性性の本質について、妥協せずに徹底して考え抜くならば、このような奇妙な結論にたどりつくほかはないからだ。

女には本質がない？　そんな馬鹿な！　と思うだろうか。

たとえば『広辞苑　第六版』の「女」の項目には、こんなふうに説明してある。

「人間の性別の一つで、子を産み得る器官をそなえている方」

この説明で、十分ではないのだろうか？

実は、十分とは言えない。たしかにこの記述で、生物としての「女」、セックスとしての「女」は説明できるかもしれない。しかし精神分析が問題にするのは、あくまでも「ジェンダー」のほうだ。そしてジェンダーに関して考えるなら、「子供が産めるかどうか」で女性性を定義づけるのはあまりにも乱暴、ということになる（そういえば、女性を「産む機械」と失言して批判された厚生労働大臣もいた）。

ならば男はどうか。男は定義づけることが可能なのか。

ラカンによれば、男はペニスならぬ「ファルス」を持つ存在として定義づけることができる。ファルスというのは、さきほども述べた、象徴的なペニスのことだ。男の子は去勢されて、父親と同じようなペニスを持ちたいと願うようになる。ここで欲望されている「父親のペニス」がすなわちファルスだ。

すでに説明したとおり、ファルスの獲得こそが、言葉の始まりでもある。それゆえ言語のシステム、すなわち「象徴界」は、一貫してファルス優位のシステムになっている。そう、象徴界の作動は、基本的に男性原理なのだ。

それゆえ言葉に対する態度も、男と女では大きく異なっている。一般向けの男女本では、女性のほうがお喋りで言語能力が発達しているとされることが多い。あとで説明するように、これはむしろ情緒的なコミュニケーションの才能だ。言葉を厳密に用いて論理的に考えたり議論をしたりする能力は、どうしても男性優位になりやすい（もちろんこれは一般的傾向であって、例外はいくらでもある）。

たとえば、よく言われることだが、女性の哲学者はほとんどいない（哲学の教師や啓蒙家ならいないこともないが）。これはおそらく哲学が、言語をもっとも厳密かつ論理的に使用する学問であるためだろう。

哲学とは、言葉だけで閉じた世界を構築しようという試みだ。これはきわめて男性的な言葉の使い方である。なぜなら男が使う言葉は、それによって世界を構築する＝所有するための道具にほかならないからだ。

これは女の言葉の対極にある。なぜなら、女は言葉を世界と関係するためだけに使用するからだ。男の言葉はしばしば独り言に近いけれど、女の言葉は常に相手を必要とする。男は言葉からできるだけ情緒的なものを取り除こうとするが、女は言葉を情緒の伝達のために使う。この違いはきわめて大きい。

このように男性原理のシステムである象徴界にあって、女性を位置づけるのはきわめて困難になる。女性を定義できないのは当然なのだ。そこでは女性は「男性ではない」という否定的なかたちでしか示すことができない。言い換えるなら、女性を積極的に指し示すような言葉、すなわちシニフィアンは存在しない。それゆえ女性を記述するには、その特徴をひとつひとつ具体的に数え上げていくしか方法がないのだが、どんなに多くの性質を挙げても、女性のすべてを尽くすことはできない。よって「女性は存在しない」。

これを集合論的に考えるなら、象徴界において男性は、ファルスの作用を中心として「これで全部」というような閉じた集合をつくっている。ところが「すべてではない」女性の集合はそういう閉じた集合をつくれない。これは「女性一般」なるものが存在しないということを意味している。これを端的に表現したのが、ラカンによる「女は存在しない」という言葉なのだ。

ファルスの享楽、他者の享楽

次に「享楽」について考えてみよう。精神分析における「享楽」という言葉には、いろいろと複雑怪奇な意味合いがあって、とてもひとことでは説明しきれない。だからここでは、必要最低限のことだけ述べておこう。

「享楽」というのは簡単に言えば、快感原則をも超えた強烈な体験のことだ。単なる緊張の解放に過ぎない「快感」とは違って、苦痛と快楽が一体となったような、ずっと強度の高い体験。だいたいそんなイメージでとらえておいてほしい。

ラカンによれば「享楽」には三種類ある。「ファルス的享楽」「剰余享楽」「他者の享楽」だ。それぞれについて、ごく簡単に説明しておこう。

「ファルス的享楽」というのは、無意識にたくわえられた緊張を、部分的に鎮静化するために放出されるエネルギーにあたる。このときファルスは、エネルギー放出の水門という役割をになう。まさに「射精」のイメージだ。

男性の享楽は、主にこうしたファルス的享楽であるとされる。「剰余享楽」というのは、心のなかに放出されぬまま溜まっているエネルギーにあたる。そして「他者の享楽」。これこそが、究極の享楽だ。これはすべての緊張が完全に放出されるに至った、理想的な状態を指す。

ラカンによれば、女性的な享楽はこの「他者の享楽」に近い。腐女子について述べた項でもちょっとふれたが、これは主体性を完全に放棄して、対象をまるごと深く受け入れる(＝関係する)ことから生ずる享楽だ。

セックスにおける女性のオルガスムは、男性よりもはるかに深くて長いと言われる。僕は女性になったことがないからわからないが、たぶんこれは事実だろう。これは限られた「ファルス的享楽」と、究極の「他者の享楽」との違いであり、そのまま「所有原理」と「関係原理」の違いに重ねられる。

どうしても立場を捨てられない男性は、ファルス的享楽にとどまらざるを得ない。これは「所有原理」の宿命でもある。どういうことだろうか。

立場を捨てようとしない男性の主体は、自分自身が変えられてしまうことをひどく嫌う。そういう主体には、本当の意味で対象と関係することができない。できるのは自分を変えずに対象を所有しようと試みることだけだ。しかしどれほど頑張っても、「すべて」を所有することはできない。すべての富を、すべての女を、所有できた男はどこにもいない。それでも男の欲望は、常に「すべて」を求めてしまうがゆえに、部分的にしかかなえられない。その意味で所有原理は、決してファルス的享楽を超えられないのだ。

これに対して、女性は容易に立場（＝主体）をなげうって、他者の享楽に身をゆだねることができる。女は「すべて」を求めない。自分が変えられてしまうことを恐れない。だからこそ、自らの主体を「無」にすることができる。

女性は主体を降りることで、究極の「他者の享楽」を手に入れる。ここにも欲望の逆説がある。この享楽は言語による理解を超えているので、女性はそれを経験できても、それについてはなにも知らないし、語れない（腐女子が解説や分析を嫌うのは、そのせいもあるのかもしれない）。女性はそれを象徴的に「所有」できないが、それとは別のやり方でそれを手に入れているのだ。

みてきたように、あらゆるジェンダーが平等に欲望するかにみえる性行為においても、それをいかに享楽するかで男と女は完全にすれ違っている。このことをラカンは「性関係は存在しない」と言い表した。

愛し合う男女が求め合って結ばれたとしても、その結合は「本当の結合」ではない。それぞれが互いに抱きしめているのは、現実の相手そのものではなく、相手に投影された欲望がもたらした幻想にすぎない。つまり、男と女は、本当の意味で「関係」を持つことができないのだ。

まだ納得がいかないだろうか？　その気持ちはわからないでもない。そう「身体」はどうなるのか、という疑問がまだ残されている。セックスは幻想の交換、そこまではいい。でもそこで実際に起きているのは、身体の交わりでもある。現実に身体が交わり、時としてそれは生殖行為ともなり、妊娠して子供が生まれたりもする。この現実をどうするのだ？　という疑問。たしかに、これは無視できない。

しかし、ひとたび精神分析的に考えるなら、妊娠や出産は、ジェンダーとはなんの関係もない。「産む性」であるかどうかが、女性性とはなんの関わりも持たないように。たしかに妊娠や出産は性関係をより深いものにしてくれるかもしれないが、決定的なものとまでは言えない。現にそれらは、関係の深さいかんにかかわらず起きてしまうものだし、関係をより確実なものにしてくれるわけでもない。またいだからこそ、第三章でふれたような夫婦のすれ違いや不幸な結婚が後を絶たないのだ。

完璧なセックスが存在しないように、完璧な男女関係は存在しない。「愛」ですら、そうした欠如を埋め合わせるために求められた幻想に過ぎない。

「女性は男性の『症状』である」。ラカンはそのように言う。どういうことだろうか。男性にとって愛する女性は、実はひとりの主体的な人間ではない。男性は女性のすべてを「所有」しようとするが、それはあらかじめ不可能なのだ。男性は常に、女性の一部しか所有できない。それは「からだ」だったり「こころ」だったりするが、そうした「部分」は、「対象a」として、男性の欲望の原因となっている。つまり男性の女性に対する愛情は、常に一種のフェティシズム（＝症状）として、固有の限界を抱え込むことになるのだ。

ここでまたしても、女性の身体が問題になる。

女性の欲望の限界、それは女性の身体だ。女性は愛されるために女性の身体（＝フェティッシュ）を必要とする。それはかりではない。女性は愛するためにも、女性の身体を必要とする。もちろんここで僕が身体と言うのは、正確には身体イメージ、すなわち「幻想としての身体」である。

女性だけが身体を持っている

女だけの特徴とはなにか。それは「身体を持っていること」だ。

そんな馬鹿な、と男たちは叫ぶだろう。俺たちの股間をみろ、ここにあるのは何だ、と。しかし僕は答えざるを得ない。「たしかになんかついているみたいだが、本当はそこにはなにもない。キミたちが握りしめているものは、実はキミたちの所有物じゃないし、ただの空洞のシンボルに過ぎないんだよ」と。

もう少し、わかりやすく説明してみよう。

女性は自分の身体を常に意識している。身体のどの部分がどんなふうに不調なのか、それをきちんと語れるのは女性だけだ。月経があるから？ なるほど、それもあるだろうが、それはかりではない。女性は、ありとあらゆる機会に、自らの身体を、外側からも内側からも意識しながら生きている。

実際、臨床場面でも、男性よりは女性のほうが、自らの身体のコンディションにずっと敏感だ。低血圧、冷え性、便秘、頭痛、肩こり、疲れやすさ、倦怠感といった、いわゆる不定愁訴の訴えは、圧倒的に女性のほうが多い。これは女性が脆弱だから、というよりも、男性のほうが鈍感だから、と考えるのが妥当だろう。

たとえば女性はしばしば「もうからだがぼろぼろ」といった言い方をする。そういう表現を実際に口にするかどうかは別として、ほとんどの女性はこの表現に共感できるだろう。ところが、女性には驚きかもしれないが、一般に男性はこの表現を理解できない。ある種の衰弱や疲労を「ぼろぼろ」と表現するのはわかるが、身体がぼろぼろとはどんな感じなのかが、実感的にどうしても理解できないのだ。

男性は、例外もあるとはいえ、ほとんどの場合は自らの身体を意識していない。彼らは勃起している時以外は、自分のペニスの存在を忘れている。そればかりではない。男性にとっての身体は、かゆい時、痛い時、といった、障害された状態において、はじめてその存在を主張しはじめるのだ。苦痛をともなわない時の男性の身体は、ほとんど意識にのぼらないという意味で、透明な存在なのである。

僕を含む一部の男性が、真夏にジョギングをしたりして好んで大汗をかく快感を、女性はどうも理解できないらしい。これに限らず、多くの男性は、自分の肉体をスポーツとか鍛錬という名目でいじめたり痛めつけたりするのが結構好きだ。これは、そうでもしないと自分が身体を持っていることを忘れてしまうためではないかと僕は疑っている。
こうした身体性の違いについての納得のいく説明を、僕はあまり読んだことがない。しかし、これはけっして、僕の個人的感覚や、臨床経験だけに基づくものではない。
たとえば短歌には、性愛の肉体感覚を歌ったものがある。もっとも有名なのは俵万智のものだろう（『チョコレート革命』河出文庫、二〇〇〇年）。

幾千の種子の眠りを覚まされて発芽してゆく我の肉体
水蜜桃の汁吸うごとく愛されて前世も我は女と思う
きつくきつく我の鋳型をとるように君は最後の抱擁をする

もちろん、こういうテーマの作品は彼女に限らない。たとえばこんな作品もある。

土砂振《ママ》りの雨を浴びきて肉体を激しきものと思ひかえしつ　雨宮雅子
今刈りし朝草のやうな匂ひして寄り来しときに乳房とがりゐき　河野裕子

このように、肉体をテーマにした短歌のほとんどは女性の歌人によるものだ。「ほとんどど」と書いたのは僕が短歌にそれほど詳しくないからで、知らないなりに調べてみたかぎりでは、男性がこういう肉体をテーマとして書いた歌はみあたらなかった。いっぽう女性の歌人には、性愛だけをテーマとした歌集も複数あるやに聞く。

短歌ばかりではない。こちらは僕も少しだけ囓《かじ》ったことのある現代詩にしてもそうだ。伊藤比呂美、井坂洋子、榊原淳子といった女性詩人たちもまた、性愛をはじめとする「女性ならではの」身体感覚を詩にすることでひろく読まれた。

ここで「女性ならではの」とカギカッコで記したのは、身体感覚を前面に出した作品には、だいたいこの紋切り型の枕詞がつくからだ。その善し悪しは別として、これが紋切り型になるという状況そのものが、身体性＝女性性のなによりの証しとなっている。

そうした意味では、もちろん小説も例外ではない。

たとえば川上未映子は「容れ物としての体」についてしばしば書いている。なにしろ彼女は、こんなことも語っているくらいだ。「『服は脱げても体は脱げない』というのが一時期、私のキャッチコピーだったんですけど（笑）、男、女にかかわらず体はどうしても変えられないということは不思議な感じがします」（川上未映子・芥川賞受賞者インタビュー『文藝春秋』二〇〇八年三月号）。

彼女の小説『乳と卵』（文藝春秋、二〇〇八年）に登場する小学生の娘は、これからやってくるであろう月経の予感におびえている。娘はそんな自らの体を忌み嫌う。

あたしは勝手にお腹がへったり、勝手に生理になったりするようなこんな体があって、その中に閉じ込められてるって感じる。

あたしの手は動く、足も動く、動かしかたなんかわかってないのに、色々なところが動かせることは不思議。あたしはいつのまにか知らんまにあたしの体のなかにあって、その体があたしの知らんところでどんどんどんどん変わっていく。

身体を「容れ物」と感じること。それを操縦しているかのような自覚。これは後でふれる「擬体」感覚にも通ずるものがある。

あるいは川上に近い世代の作家、金原ひとみもまた、身体性にこだわる作家である。金原の小説は、デビュー作『蛇にピアス』(集英社、二〇〇四年)から一貫して、女性が身体を持つこと、女性が身体的存在であるほかはないこと、さらに言えば、女性しか身体を持っていないことへの違和感が、通奏低音として鳴り響いている。

私は満身創痍である。もっと何か、首が飛んでいたり血まみれだったり、周りの人間にも分かりやすい満身創痍だったら、少しは報われていたのかもしれない。ああこの体は、私の知らないところで、管理外のところで、一体どうなってしまっているのか。

（『AMEBIC』集英社、二〇〇五年）

そう、ここにも自分の身体に対する女性特有の違和感が表明されている。

このくだりを読んで、僕は昔、自傷行為を繰り返している女性にインタビューした経験を思い出した。彼女たちはリストカットのみならず、無数のタトゥーやピアスで身体を飾っていた。今思い出しても痛々しいのは、おそらく胸に煙草の火を押しつけて描かれた、ハート形のやけどの跡だ。

彼女たちは、自らの身体に対して「くっついちゃってるものはしょうがない」「容れ物みたいな感じ」などと表現していた。こうしてみると、やはり女性の自己愛も自己嫌悪も、身体を通じて表現されるのだ。

それにしても、この「容れ物」という言い回し、男性である僕にはなかなか理解できない。女性はみんなこの感覚に共感できるものなのだろうか。

ところがここにもうひとつ、女性の身体を「擬体」と言い切ってしまった作品がある。腐女子を描いた傑作漫画、小島アジコの『となりの８０１ちゃん』(宙出版)がそれだ。

作者は男性だが、珍しく腐女子たちにも評判が良いらしい。著者自身による内容紹介は次のとおり。これを読めば大体の設定はわかる。

「1年半付き合っている今の彼女は腐女子です。普段は普通のかわいい?女の子ですが、二人きりのときや正気を失ったときは、背中のチャックが割れて恐ろしい中身が飛び出します。コワス。超コワス。(中略)最初は彼女が腐女子であるとは分かりませんでした。奴らは人間に擬態します。ぬいぐるみ型宇宙人らしいです。背中にチャックがついています。そしてひとたび獲物(萌え対象[ホモ])を見つけると、背中のチャックを開けて獲物に飛び掛ります。気をつけて!奴らは人間社会のなかに紛れ込んでいる、全く別の生き物です…」

「かわいい女の子」の身体が実は擬体で、興奮するとそのチャックが開いて、中から性別不明の賀茂茄子に手足が生えたような生物が飛び出してくる。この漫画は、腐女子の日常を描くかに見せて、ついうっかり、女性性のひとつの本質に触れてしまっている。「本質」とはなににか。それには、おおまかに言ってふたつある。

- 女性の身体は「擬体」であること
- 擬体につつまれた女性の「本体」は、性別を超えた非定形の存在であることこのふたつの項目が荒唐無稽なものにしかみえなかったとしても、それはさしあたり仕方がない。しかし僕は、ここに女性の真理があると確信している。

女性の身体が擬体であるということには、複数の意味がある。身体が見られるために存在すること、それが常に違和感をもたらし、時に「脱ぎ捨てたい」とすら感ずるようなものであること、それにもかかわらず身体こそが女性性の本質であること、などだ。

これらの意味はそれぞれ、互いに互いを補強し合うような関係におかれているから、ばらばらにして検討することがむずかしい。しかし、なんといっても重要なのは、最初に書いた「見られるための身体」だ。

「女性が鏡に映して自分を見るのは、自分の姿を見るためでなく、自分がどんなふうに他人に見られるかを確かめるためだ」（アンリ・ド・レニエ）

この言葉には、女性のナルシシズムの複雑な成り立ちが示されている。男のナルシシズムは、例外もあるとはいえ、「客観的な基準」を実はそれほど必要としない。しかし女性のナルシシズムは、「他人の目から見た自分の身体」というイメージを媒介としなければ成り立たない。そう、彼女たちの自己愛には、身体性と関係性という二つの要素が、あらかじめ織り込みずみなのである。

それではなぜ、彼女たちはこのような身体性を獲得するに至ったのか。

僕はここに、従来の精神分析があまり重視してこなかった、しかしきわめて重要な関係性の歴史がかかわっていると考えている。ほとんどすべての女性が経験するであろう「母─娘関係」である。

母がつくる娘の身体

母娘関係は、ほかのいかなる家族関係とも似ていない。そこに独特の困難があることは、少なくともあなたが女性なら、すぐに同意してもらえるはずだ。あなた自身が母娘関係で苦労したかどうかは関係ない。この問題には、潜在したままか顕在化するかの違いしかないからだ。いままでなんの問題も起きていないとすれば、それはあなたが、たまたま幸運だっただけに過ぎない。

僕はかつて、この問題についてくわしく検討し、一冊の本を書いたことがある。『母は娘の人生を支配する』（NHK出版、二〇〇八年）がそれだ。母娘関係が女性の身体性にどんな影響をもたらすか、この本の内容にそくして述べてみよう。

もちろん母娘関係は一様ではない。そこには、実にさまざまな葛藤の形が存在する。

ある母親は、娘を徹底して監視下に置こうとする。カバンの中身も机の中も検閲され、電話には聞き耳を立てられ、友人関係にも干渉してくる。服装も髪型も、決めるのは母親だ。娘は自由を望みながらも、そんな母親のもとから飛び出すことができない。

またある母親は、娘ときわめて深い信頼関係にある。娘にとって母親は、理想の母親であるばかりか、理想の父親でもあった。母親との絆が強すぎるあまり、娘はなかなか結婚する気になれないまま年を重ねてしまう。母親の死に際して、娘は「自分の半分が死んでしまった」ほどの喪失感を覚える。

ここでは両極端のパターンを紹介したが、もちろん母娘関係は、これだけで尽くされるわけではない。

ある母親は、娘をけっして評価しようとせず、批判や否定しかしようとしない。

ある母親は、娘に自分の願望を押しつけ、自分自身の人生の生き直しを求めようとする。

さらに別の母親は、どこへ行くにも娘と行動をともにする。いわゆる「一卵性母娘」である。

このように、一口に母娘関係の葛藤と言っても、過干渉から反発まで、あるいは嫌悪から密着まで、その内実はさまざまである。しかし、すべてのパターンに共通することがひとつある。

それは、「母親による娘の支配」だ。まさにこの点において、一見正反対にみえる虐待関係と一卵性母娘の関係は一致するのである。

この「支配」がやっかいなのは、それがしばしば、支配という自覚なしになされる支配であるためだ。後でふれるように、母親による支配には、「献身」や「自己犠牲」という形の奉仕もある。そのような「支配」は、母と娘の双方に意識されない。

こうした母娘関係の葛藤は、しばしば「少女漫画」において、直接間接にモチーフを提供してきた。その代表的な作品として、萩尾望都『イグアナの娘』（小学館）がある。

愛されない娘が主人公だ。母親は自分の産んだ娘（長女）がどうしてもイグアナにみえてしまうため、愛することができない。人間にみえる次女は愛することができるのに、長女はうとましい。長女もまた、母親に愛されず、妹に比べて「みにくい」と言われ続けたため、実際には美人で優等生であるにもかかわらず、劣等感を抱き続ける。やがて長女は結婚し女の子を産むが、その娘は母親に似ているために、愛することができない。そんなある日、母親が脳溢血で亡くなる。かけつけた長女が目撃した母の死に顔は、イグアナの顔をしていた。長女は激しいショックを受けるが、はじめて母親の苦しみを理解し、母親と「和解」を遂げようとする。

僕は幸運にも、あるトークイベントで萩尾氏本人に話を聞くことができた。それによれば、萩尾氏自身が母娘関係（作品のそれとは異なるが）に深く悩んだ時期があったらしい。この作品の一種異様なリアリティには、そうした背景があったのだ。

ここには、母親による娘の支配における「身体性」と「言葉」の問題が凝縮された形で描かれている。どういうことだろうか。

女性の身体性は、その母親の言葉によって、しばしば決定的なまでの影響を受ける。母親からイグアナと言われ続けた娘は、本当にイグアナになってしまうのだ。

なぜ母親は、そこまでして娘を支配せずにはいられないのだろうか。その理由のひとつとして考えられるのが「母性神話」である。

「母性本能」という言葉がある。母親が子供に献身的につくすのは、生物としての本能に等しい、とする俗説である。しかし、この説はいまだかつて証明されたことはなく、現在ではほぼ否定されている。たとえばフランスの思想史家、エリザベート・バダンテールは、母性神話をもたらした罪を、ふたりの人物のせいと考えている。

子供に対する母親の献身を唱えたジャン＝ジャック・ルソーと、母親だけが子供の中心人物と見なしたジークムント・フロイトである（エリザベート・バダンテール『プラス・ラブ――母性本能という神話の終焉』サンリオ、一九八一年）。もっとも、僕はフロイトはむしろ母性本能を否定したと考えるので、ちょっと立場が異なるのだが。

しかし、母性本能そのものは否定されるとしても、「母親であること」は、やはり特異な経験なのではないか。それは本能とは別の意味で、女性の人生を深く規定する体験なのではないか。そうした疑問について答えようとするのは、心理学者のハリエット・レーナーである。彼女は著書『女性が母親になるとき』（誠信書房、二〇〇一年）において、自らの出産体験に基づき、それが女性の意識をいかに変容させるかをリアルに記している。

彼女によれば、「分娩」の体験は女性の意識を長期間にわたって変容させる。そもそも子供を持つという判断は、本質的に非合理なものをはらんでおり、だからこそ多くの母親は、自分の子供をコントロールすべきだという信念にとらわれてしまう。また、それでなくとも出産と子育ては、きわめて強い情緒を共有する体験でもあるらしい。

その体験は、多くの母親に過剰な責任感をもたらす。子供の発達の遅れ、成績の不良、性格の偏り、ありとあらゆる不具合に対して、母親は強い責任を感じる。それは、わが子の成長を十分にコントロールできていないのではないか、という不安と表裏一体の感情だ。

つまりこういうことだ。母性本能に根拠はない。しかしそれ以上に、母親になるという体験は、子供をコントロールしなければならないという強い責任感をもたらすだろう。さらに、その子がたまたま女性であれば、そこに身体的な同一化が加わることで、コントロールへの欲望は際限なく広がるだろう。

母娘関係の特異性は、それればかりではない。

母親による娘の支配は、父親と息子のような「権力闘争」にはなりにくい。むしろ母親が娘に対して母性的かつ献身的に奉仕し、娘に「申し訳ない」と感じさせることによって、娘を支配する場合のほうが多い。こうした、なかば無自覚的な支配を指して、臨床心理学者の高石浩一氏は「マゾヒスティック・コントロール」と呼ぶ（『母を支える娘たち』日本評論社、一九九七年）。

もうひとつの理論は、精神分析家、キャロリーヌ・エリアシェフらによる「プラトニックな近親相姦」である（『だから母と娘はむずかしい』白水社、二〇〇五年）。「近親相姦」とは穏やかではないが、これは要するに、身体を媒介とした親密な関係、というほどの意味である。

こうした、母娘の近親相姦的な親密さは、しばしば父親を疎外することで成立する。同性であるがゆえに母娘間には近親相姦的関係が成立しやすい。娘は母親を映す鏡であり、自己愛投影の対象であり、アイデンティティの混同をまねきやすい。おそらく母親が娘にたくす「生き直し」の願望も、こうした身体的な近さに由来するのではないだろうか。

アイデンティティの混同が進むと、思考や感情のすべてをお互いに打ち明け、洋服を貸し借りし合うような親密さが生まれてくる。母と娘の身体は共通であるがゆえに、二人の間のあらゆる境界と差異は、あっさりと消えてしまう。こうした、身体的同一性ゆえの親密さは、言うまでもなく母娘関係においてのみ、成立する。父―息子関係ではありえない。なぜだろうか。もう一度確認しておくが、本当の意味で「身体を持っている」と言いうるのは、女性だけだからだ。

「女らしさ」の分裂

繰り返しになるが、そもそも「女性性」にはいかなる本質もない。それは徹底して表層的なものであり、それゆえにこそ女性性は身体性に等しいものとなる。なぜなら精神分析的に言えば、身体とは想像的なものであり、確固たる基盤を欠いた幻想にほかならないからだ。そもそも本書の前提が、ジェンダーについて「身体」は絶対的な基盤ではない、というところから出発していることをもう一度確認しておこう。

多くの女性は、その生育過程を通じて女性的な身体を獲得するようにしつけられ、成熟してからも、もっぱら身体性への配慮によって、「女性らしく」あり続けようとする存在なのだ。これが「女になる」ことのひとつの側面である。

女性は常に、自分と他者の身体を意識しながら生きている。そもそも化粧やファッションへの関心は、身体への強い関心なくしてはあり得ない。女性は男性よりもはるかに「見られる性」であり、自分がどう見られているかを常に意識させられている。

この点について精神分析家のクリスティアーヌ・オリヴィエは、次のように述べている。


小さな女の子が何か悪いことをすると、彼女の母親または祖母はしばしば言うだろう。「おお、おまえは何とみっともないんだろう！　おまえは可愛くないよ！」。これらの形容詞はその子供を道徳的な掟ではなく、美的な掟へと向かわせるのである。

（『母と娘の精神分析』法政大学出版局、二〇〇三年）


このように女の子へのしつけは、男の子の場合とは違い、最初から他人に気に入られるような身体の獲得を目指してなされるだろう。女性における身体性へのこだわりは、これほどまでに根源的なものである。だとすれば、娘たちに女性らしい身体性をきちんとしつけられるのは、母親をおいてほかにない。しかし、しつけによる身体性の伝達とは、ほとんど娘の身体の支配にひとしい。

たとえば父は息子に、抽象的な観念として「男らしさ」を伝達しようとする。この場合の関係も支配に似ることがあるが、その支配は一時的なものだ。自立した息子たちによって、いずれ父親は乗り越えられ、そこで支配は終わる。「男らしさ」が観念的であるからこそ、それは可能になる。観念的であるがゆえに「男らしさ」は所有可能であり、権力闘争の結果、奪い取ることができるのだ。

しかし「女らしさ」を積極的に指し示すような観念はほとんど存在しない。母親が娘に伝えようとする「女らしさ」は、観念よりも身体的な同一化によってしか伝えられないことが多い。この同一化は相互的になされてしまうので、しばしば「終わらない支配」という形になりやすい。これは「女らしさ」が、「男らしさ」とは異なり、常に人間関係の中でしか表現され得ない属性であることによる。

「女らしさ」と呼ばれるものの大半は、可愛い髪型や化粧、フェミニンな衣服あるいはしとやかな仕草といった、身体＝外観に関わる要素から成り立っている。ここでなにが配慮されているか。相手に不快を与えないこと、しかしそれ以上に、相手から愛されることだ。このところよく見かける「愛され服」といった表現が典型だが、要するに女らしい身体性とは、他者の欲望を惹き付ける身体性を意味している。

しかし「女らしさ」にも容姿以外の内面的な要素がないわけではない。たとえば「やさしさ」「おとなしさ」「従順さ」「受け身性」などがそうだ。これらはいずれも「自らの欲望を放棄する態度」にほかならない。

外見＝身体においては他者の欲望をより惹き付ける存在であれ、という命令。内面においては、自分の欲望は放棄せよ、という命令。なるほど、魅力的な外見と控えめな性格という組み合わせは、「貞淑な美女」というステレオタイプとして、僕を含む多くの男性が一度は夢みる女性の理想型でもある。

しかし、だとすれば「女らしさ」の教育には、あらかじめ根本的な矛盾と分裂が含まれていることになる。「女らしさ」には「欲望」の肯定と否定が同時に含まれているからだ。それゆえ「女らしさ」は首尾一貫した観念たり得ない。それは矛盾をはらんだイメージとして、同一化による支配によってしか伝えようがないのだ。

「女性らしさ」へのしつけを素直に引き受けさせられた女性たちは、自分の欲望は放棄して他者の欲望を惹き付ける存在（「おしとやか」で「可愛い」女性）という、「女性らしさ」の分裂を引き受けなければならない。この分裂が、女性に特有の身体感覚と「空虚さ」の感覚につながっていく。さきほど述べた「擬体」の感覚も、おそらくこうした分裂によって生じたものだろう。

こうした「しつけ」の過程で、娘の身体性を作り上げるのは、母親の言葉である。母親からイグアナと言われ続けた娘が、自身をイグアナとしか認識できなくなるように。実は娘へと向けられた母親の言葉は、しばしば無意識に母親自身を語る言葉でもある。

それは「叶《かな》えられなかった願望」であったり、女としての「サバイバルの智恵」であったりもする。ただしこの智恵は、ごくプライヴェートなものであって、しばしば一組の母娘間でしか共有されない。

この結果、母親の身体性は、言葉の回路を通じて娘へと伝達される。言い換えるなら、すべての娘たちの身体には、母親の言葉がインストールされ、埋め込まれている。だから、どんなに母親を否定し、反発しようとも、娘たちは与えられた母親の言葉を生きるほかはない。これが「父殺し」とは違って、「母殺し」が不可能な理由である。

女性の空虚感

母娘関係において共有される分裂ゆえに、すべての女性はある種の「空虚さ」を抱え込むことになる。こうした空虚感の起源は、精神分析的には口唇期にあるとされる。

ところが男性は、この種の空虚を感じることがほとんどない。なぜなら男性は口唇期において、空虚さを体験しなかったからだ。

「彼の性器のおかげで、彼の母親はやりなおすべき自分の女の一生を彼に押しつけることができなかったからである」（前掲書）と、オリヴィエは説明している。ペニスの存在が、身体的同一化をはばむので、男の子は母親の空虚さに感染せずに済むのだ。

一般に女性は、空虚さを、憂鬱さを、倦怠を、孤独を、男性よりもずっと強く感じている。この感情は女性における「関係原理」の根本にある。彼女たちの空虚は、関係における分裂に由来するために、それを「所有」で埋めることはできない。空虚を埋め、あるいはごまかしてくれるのは、他人との親密な関係性のみなのだ。

だからこそ彼女たちは、自分の喜びを犠牲にしてまで他人のために尽くそうとするのだ。「彼女たちが何か目に見えるものを与えるかぎりにおいて、彼女たちの頭は、自分は内的に空虚ではないと彼女たちに語りかけるのである」（オリヴィエ、前掲書）。

空虚さを埋めてくれるもうひとつの要素は、自己コントロール感だ。自分の身体を思い通りに制御し、操縦しえていると感じられれば、空虚さをいくぶん紛らわすことができる。ただし、この感覚を追求しすぎると、別の問題が生じてくる。第四章で述べた、女性に圧倒的に多い病気である摂食障害も、ここから生ずるのかもしれない。

ここで、これまでの流れをもういちど確認しておこう。

女性性とはすなわち身体性のことであり、女性らしさとは主として目に見える身体性への配慮を意味している。それゆえ女の子へのしつけは、男の子の場合とは異なり、他人に気に入られるような身体の獲得を目指してなされる。このため母親による娘へのしつけは、ほとんど無意識的に娘の身体を支配することを通じてなされてしまう。

しかし、母親による支配を素直に受け入れれば、自分の欲望は放棄して他者の欲望を惹き付ける存在（「おしとやか」で「可愛い」女性）という「女性らしさ」の分裂を引き受けなければならない。かといって支配を拒めば、母親の献身に対する罪悪感と孤立感が生じてしまう。要するに「母親による娘の支配」は、それに抵抗しても従っても、女性に特有の「空虚さ」の感覚をもたらさずにはおかないのだ。

欲望の二大原理

以上をふまえて、ジェンダー間の欲望の違いについては、次のように整理できるだろう。

男の「所有原理」は、ひたすらファルス的享楽を目指して突き進む。ファルスは人間に言葉をもたらす原器的なものであるがゆえに、男の欲望は徹底して言語的・観念的なものとなる。この欲望こそが、文明の進歩の大部分を支えてきた。

所有原理とは、単に欲望の対象を持ちたいと願うことばかりを意味しない。対象を視覚化し、言語化し、さらに概念化してこれを意のままに操作しようとする過程すべてが、本質的な「所有」の身振りなのだ。

	所有原理	関係原理
基本的願望	持ちたい	なりたい
享楽の種類	ファルス的享楽	他者の享楽
主体の位置	常に位置づけが必要である	位置づけが必要とは限らない
主体の変化	「変えられる」ことを回避しがち	「変えられる」ことを必ずしも回避しない
対象との関係	距離を保ちつつ支配・操作することを目指す能動型関与	密着しつつまるごと受容しようとする受動型関与
同一化	象徴的（言語的）同一化	想像的（身体的）同一化
性愛の感覚	視覚優位	聴覚優位
恋愛の記憶	フォルダ保存	フロッピー上書き
言語の機能	情報の伝達	情緒の伝達
概念操作	抽象性と完結性が重要	身体性と関係性が重要
時間感覚	「過去」ないし「普遍」志向	「現在」志向
病理型	自閉症？	ヒステリー
ジェンダー	男に多い	女に多い

いっぽう女の「関係原理」は、どこまでもファルス的なものからはみ出していく。すなわち、女は自分の欲望をしばしば言葉で明確に説明できない。女は対象を観念として所有しようとしない。むしろ女は対象をまるごと受け入れる。関係への欲望は、本質的に受動的なものだ。まず対象をまるごと受け入れた後で、女は自らの欲望を発見する。しかし女は受け入れることで十分な満足を得られているので、欲望の対象をいまさら言語化したり概念化したりしようとは思わない。

これが欲望の二大原理だ。

これまで述べてきたことを整理するために、それぞれの原理の特徴を上の表にまとめてみた。

以上の違いを十分に理解すれば、必ずしも「脳」のしくみなどを考慮しなくとも、男女の多様な違いを柔軟に解釈できる。このことは、これまでの章でも十分に検討してきた。念のため断っておくが、僕はジェンダーと脳が無関係であると言いたいわけではない。脳が重要な要素のひとつであることは当然だ。ただ僕自身は、男女の脳の違いがそのままジェンダーの差異に反映されるといった議論は、因果関係としても素朴すぎると言いたいのだ。

すべてとは言わないまでも、さまざまな能力のジェンダー間の違いについて、「慣れ」と「学習」の問題と考えるなら、脳など持ち出す必要はない。つまり発達の過程で「所有」の身振りに慣れ親しんだ男性と、「関係」の身振りに慣れ親しんだ女性の違い、ということで十分に理解が可能だ。脳の可塑性を考えるなら、構造的な違い以上に、こうした「慣れ」ないし「学習」の問題が重要になってくるのは言うまでもない。

「共感」と「システム化」

ところで、「脳」にもとづいてジェンダーを論じた数多くの本の中で、唯一本書でまともに取り上げる価値があると思えた本がある。サイモン・バロン゠コーエン『共感する女脳、システム化する男脳』(NHK出版、二〇〇五年)がそれだ。

もちろんこの本も他の脳性差本と同様に、本質主義的すぎるきらいがあったり、マイノリティの存在に冷淡だったりという問題を抱えてはいる。ただ、比喩的な応用も利くような「共感脳」と「システム脳」という区分方法は、「関係原理」と「所有原理」の仮説を補強するうえでもけっこう有用なのだ。

この本の主張をかいつまんで述べておこう。

女性は「共感脳」を持っている。共感脳は、相手が感じたり考えたりしていることを察知し、それに反応して適切な感情を催す傾向を持つ脳のことである。他者への配慮にすぐれている反面、他者の感情に左右されやすいという問題もある。

これに対し男性は、「システム脳」を持っている。システム脳は、対象をシステムとしてとらえ、そこにあるパターンや因果関係を論理的に理解することを得意とする脳のことだ。しかしそのぶん、他者への共感は不得手であり、攻撃的になりやすいという問題もある。

可能な限りシンプルな説明原理でジェンダーの多様性を位置づけたいという僕のもくろみにとっても、「共感」と「システム化」という区分は、なかなか興味深いものがある。

また、自閉症を「極端な男性脳」としている点も面白い。たとえばサヴァンと呼ばれる特殊能力を持つ自閉症患者は、共感能力には乏しいが、高い計算力や記憶力、あるいは直観像（見たものをありのまま記憶する能力）のような才能を持っている。いずれもシステム化に関係した能力ばかりだ。自閉症が男児に多いこととも、うまく一致する。

そのいっぽうで、「極端な女性脳」の例として「ヒステリー型人格障害」をいったんは想定しつつも引っ込めているのはいかにも惜しい。第四章の「ヒステリー」の項でも述べたように、ヒステリーとはまさに「女性性の極北」と考えられるからだ。

この本の主張は、多くの点で僕の「関係原理」と「所有原理」の対比と重なっている。しかし、あえて言えば「関係」と「所有」のほうが多義的なぶんだけ射程が深いと僕は自負している。たとえば腐女子と男性おたくの欲望の違いは、「共感」や「システム化」の違いでは説明しきれない。

おそらく「脳」に注目しすぎると、人はつい「欲望」と「セクシュアリティ」との問題を忘れてしまうのだろう。その意味で、残念ながらこの本もまた例外ではない。この点については「欲望の科学」とも言うべき精神分析に一日《いちじつ》の長があるのは当然なのだ。

空間と時間

「所有原理」と「関係原理」は、認識に対しても大きく影響を及ぼす。

たとえば空間把握力について考えてみよう。この能力は、ひろく概念操作能力として理解できる。さらに言えば、これは視覚イメージを頭の中で操作する能力だ。対象を視覚化すること、またそのイメージを操作すること、いずれも「所有」に慣れた男性にとってはお手のものである。いっぽう関係性を切り離しての概念操作は、女性にとってはかなり不得手な領域だ。

この空間把握については、興味深い実験がある。目的地に辿り着くのに、地図の描き方によっては、女性のほうが男性よりも良い成績を収めたというのだ（ＮＨＫスペシャル取材班『だから、男と女はすれ違う』ダイヤモンド社、二〇〇九年）。

簡単に言えば、距離と方角が示された地図を読むのは男のほうが得意だが、「眠れる少年像のところで左に曲がれ」といったように、目印を手がかりとした地図を読むのは女のほうが得意なのだ。この本では、あくまで「脳」の視点からこの違いを説明していたが、所有と関係という視点から捉えるほうが説明が簡単だ。

さきほども述べたとおり、距離や方角といった空間把握は、概念操作のひとつだから、男性の「所有」原理になじみがいい。いっぽう女性は、そのつど出くわした目標物と自分の位置との「関係」をリアルタイムで把握しながら進むほうが得意なのだ。

ついでに言えば、所有原理は一般性や普遍性を志向するため、しばしば無時間的なものとなる。これは男性が、所有が永続的であることを望むのだから当然だ。いっぽう女性は、その場その場でのリアルタイムな関係性を重視する。

ちょっと卑近な例で恐縮だが、僕自身の経験を例に出してみよう。

あるとき神戸で講演会があり、その後スタッフの招待で美味しい飲茶《ヤムチャ》レストランに行った。帰りが遅くなりそうだったので、妻への詫びがてら、名物の胡麻団子を六個買って帰った（別に僕は恐妻家ではない）。案の定遅くなって不機嫌だった妻は、お土産を見せると喜んでたちまち三個を平らげ、すっかり機嫌も直ってしまった。僕はさすがに空腹ではなかったので、つきあいで一個だけ食べた。残りは妻がラップして冷蔵庫にしまった。

次の日の午後、ジョギングの後で小腹が空いたので残っていた二個を何気なく食べた。たいへん美味しかった。ところが昼寝から覚めた妻は、それを聞いて怒り出した。「一緒に一個ずつ食べようと思ったのに！」と大変な剣幕だ。「いや三個ずつのつもりだったから……」と言い訳するも、残した二個を等分するのが当然だ、というのが妻の理論である。

要するにこれが所有原理と関係原理の違いなのである。

所有原理は団子六個をすぐに等分して三個ずつに分け、「この三個は何があろうとずっと俺のモノ」と考える。しかし関係原理は別の考え方をする。今目の前に六個ある。じゃあ二人で半分ずつにしよう。次の日冷蔵庫に二個残っている。これも二人で半分ずつにしよう。所有よりも「今の関係」を優先するなら、これが自然な発想となる。いかがだろうか。この問題は、どちらが正しいとはけっして言えない。もちろん僕はすぐ謝って、また団子を買ってくる約束をしたのだった。

女性の関係原理を理解していれば、別に恐妻家でなくとも無用のいさかいは予防できる、という実例をお示ししたつもりである。

ジェンダーと感情

あるいは「感情」についてはどうか。一般に女性のほうが感情表現が豊かであり、男性はむしろ感情を表出しない傾向が強いと言われる。これは事実と言ってよいだろう。しかし、それを無理に脳の違いに結びつけるとおかしなことになることは、すでに第二章で確認済みだ。

女性の関係原理を考えるなら、これもそれほど難しい問題ではない。

感情とは何か。ひとことで言うのは難しいが、ひとつはっきり言えることは、「表出されない感情は存在しない」ということだ。そんな馬鹿な、とまた反論されそうだ。「今俺が必死でこらえている怒りの感情、これまでも『なかったこと』にしようというのか！」と。

これは表出という言葉がまずかったかもしれない。怒りをこらえている男性のその怒りは、すでに言語化されて、自分自身に対して内面的に表出されている。だからその怒りの存在を否定することはできない。そういうことだ。

しかし一般には、感情というのは他人に対して表すものだ。だから女性は感情的、という言い方は本当は正確ではない。正確には、女性のコミュニケーションは情緒的であり、男性はコミュニケーションから情緒を取り除く傾向がある、ということになる。

感情の表出には「関係性」と「身体性」のふたつが、深く関わっている。なぜなら、いかなる感情も、関係性の中で、身体（表情や身振り、声のトーンなど）を通じて表現されるからだ。その表現は、ふたたび関係性に影響を及ぼす。つまり感情表現とは、身体を使って相手と関係するための、きわめて効果的な手段なのである。

身体性と関係性。いずれも女性の得意領域であり、関係原理の独擅場《どくせんじょう》であることは、これまで繰り返し述べてきた。

いっぽう男性は、感情を抑制しようとする傾向が強い。しばしば概念操作からはみ出してしまう感情は、所有原理では扱いかねるからだ。感情は予測できないし、完全にコントロールすることもできない。

もっとも、男性の中にもときどきオーバーな感情表現をする人がいるのも事実だ。しかし僕にはそれが、女性よりはずっと表面的で一方的になされているようにみえる。あの三島由紀夫の豪傑笑いのように、どこか演技的かつ自己完結的なのだ。おそらくそうした男性の表出は、自分自身のキャラを維持＝所有するためになされるからだろう。

ジェンダーと言語

さて、ここまでくれば、例の「言語中枢」の問題にも決着がつけられそうだ。

女性のほうがお喋りなのは、女性の言語中枢が発達しているから、という素朴すぎる仮説。僕はこれに対して、言語をいちばん厳密に取り扱う哲学者には、女性がほとんどいないじゃないか、と異議をとなえたのだった。

言語システムにおいては、むしろ男性原理が優位なのであって、その証拠に言語のみを用いた概念操作は男のほうが得意だ。そういえばフェミニズムにおいても、知を語ることがどうしても男性的な身振りになってしまうことが、ずっと問題にされていたはずだ。男性的な言語に対抗するように女性的言語を作りだそうという努力は、エレーヌ・シクスーやリュス・イリガライらによってなされてきたが、かならずしも成功していない。

おそらく脳科学だけでは、こうした矛盾を説明できない。

しかし、精神分析的に考えるなら、この矛盾は十分に説明可能だ。要するに問題は、言語を「関係」のために用いるか、「所有」のために用いるか、その違いなのだ。

男女の会話のすれ違いで、よく言われるのは次のようなことである。

男が会話するのは「情報伝達」が目的である。だから男は、いつも会話の結論を急ぐ。いっぽう女は、結論を出すためよりも「会話そのもの」を楽しむことが目的である。だから男性は、女性の愚痴につきあうのなら、すぐに答えを出してはいけない。なぜなら女性の目的は「答えを出してもらう」こと以上に、「話を聞いてもらう」こと、そして「言うだけ言ってすっきりする」ことであるからだ。

だから問題となるのは、どちらが言語を巧みに使えるか、ではない。言語を使う目的の違いだ。所有原理の男の会話は、極論すれば「情報の交換」にすぎない。しかし関係原理の女の会話は、情報よりも情緒の伝達や共有が大切になる。だから会話は、互いの関係性をより親密にしたり、すでに親密であることを再確認するためになされる。

男の目からみて、女同士の会話がしばしば無内容にみえるのはこのためだ。しかし女性からみれば、男性の会話はしばしば殺伐とした味気ないものにみえることだろう。女性からみた男の会話ということで言えば、僕はよく、こんな言葉を思い出す。

「議論はいやよ。よく男の方は議論だけなさるのね、面白そうに。空の盃《さかずき》でよくああ飽きずに献酬ができると思いますわ」

この痛烈な言葉は、夏目漱石の『こころ』に出てくる。「先生の奥さん」が、主人公に向けて言った言葉だ。つまり女性からみれば、男性同士の観念的な議論の応酬は、情緒も関係性への配慮もない、非現実的なファンタジーなのだろう。

一般にこの言葉は、男性原理への痛烈な批判として理解されているようだが、そういう理解は「最近の女は強くなった」言説とそう変わらないのではないか。男性側が「女性に批判されてあげる度量」を誇示しているだけにみえるのだ。僕の考えでは、奥さんの言葉は、男と女では言葉の使い方が根本的にすれ違っていることを示すだけに過ぎず、それ以上の意味はない。

僕は女性の親密さを目的とした会話を「毛づくろい的コミュニケーション」と呼ぶことがある。それは情報量は少なくとも、情緒的な満足度は高い。おそらくコミュニケーションの達人とは、「毛づくろい」、すなわち内容がない会話をいくらでも続けられる人のことだ。そうした才能が女性のほうに偏りがちなのは、当然と言えば当然なのである。

もちろん男性も、親密な仲間内では、こうした「毛づくろい」をする場合がある。ただ、そうした場面は、女性よりもはるかに限られてはいるだろう。

もう一度確認しておくが、ここで仮に「男性」「女性」と述べていることは、すべて「個人」と読みかえてもらって構わない。ジェンダー間の行動の差異にみえるものは、個人が「所有原理」と「関係原理」の、いずれにもとづいて行動するかの違いとして、理解することが可能であるからだ。

このことをふまえて、もう一度「ジェンダー」に話を戻そう。

ヴァイニンガーの間違い

二〇世紀の初頭に青年たちに愛読されたオットー・ヴァイニンガーの著作『性と性格』（竹内章訳、村松書館、一九八〇年）は、時代背景もあって言葉遣いがひどく女性蔑視的な点は大いに問題だが、ある意味ラカンらの論点を先取りしているような表現がいくつもあって興味深い。

本の中でヴァイニンガーは、女を「受動的で刻印を受ける主体」としている。

女は性的なだけで、しかも完全に性的である。その性現象は肉体の全体に広がり、中には物理的な言い方をすれば、他の部分に比べて性現象の密度が非常に濃いところがいくつかある。女は性的な影響を受け、すべてのものに貫かれる――常に、そして肉体のすべての表面において。交接と通常呼ばれるものは、単に最も激しい特別な場合を指しているだけだ。

要するに女にとって、すべてのものが「父親」なのだ。女は母なる受容体そのものとして、あらゆるものに貫通されつつ子を孕《はら》むことができるというのだ。

ヴァイニンガーは、女には実質的な存在論的一貫性といったものがないと主張する。女とは、男が自らの性現象を受け入れて失墜した結果として、形成された存在なのだ。その意味で女は「男の罪」であり、ラカン風に言い換えるならば「男の症状」なのである。ここでヴァイニンガーが述べていることは、「女は存在しない」というラカンのテーゼに驚くほど一致している。

しかし、ここでその一致を認めてしまうということは、やはりラカン派精神分析の根幹には男根中心主義的な、もっといえば露骨に男尊女卑的な発想があることを認めてしまうことになる。これでは、精神分析に対するもっとも素朴なフェミニストの批判に逆戻りになってしまう。

ラカン派哲学者であるスラヴォイ・ジジェクは、際どいところでヴァイニンガーの解釈に異議をつきつける(「オットー・ヴァイニンガーもしくは『女は存在しない』」『快楽の転移』青土社、一九九六年)。なるほど、たしかにラカンもヴァイニンガーと同様に「女は存在しない」と断定するだろう。ここまでは同じだ。

しかしヴァイニンガーは、「存在しない女性」をそのまま対象化しようとした。言い換えるなら、女性という存在を、単に否定しただけに留まった。いっぽうラカンは「存在しない」ことこそが、唯一の主体の条件であるとしたのである。

まるで「なにもない」があるんだ、といった詭弁に聞こえるだろうか。しかし精神分析とは、そもそも、「ただ『ない』こと」と、「『ない』ことが『ある』」ことを区別しなければはじまらない。

ラカンによれば、男と女は、相互に補完し合って全体を形成するようなふたつの種ではない。それぞれが〈全体〉であろうとして失敗した、ふたつの存在形式なのだ。そこには実質的な違いはほとんどない。

「本来の性的快感の領域においては、男性経済は優れた快感たるファルスの器官を中心とする『目的論的』な方向に走り、女性経済は目的論的な中心原理の周りに形成される快感ではなく、散らばった網の目のような組織をした快感をもつ」（ジジェク、前掲書）のだ。

それゆえヴァイニンガーの所説は逆さに読まれなければならない。

あわれな男たちは〈ファルス〉に完全に服従し、限られたファルス的享楽に甘んじている。しかし女たちは、筋の通らない欲望によって、「〈ファルス〉を超えた」領域、すなわち「他者の享楽」に到達することができるのだ。

ラカンによるフェミニズム

ラカン派フェミニストのエリザベス・ライトは、これとほぼ同じような視点から、ラカンによるジェンダー論を擁護している（『ラカンとポストフェミニズム』岩波書店、二〇〇五年）。

（ラカンをファルス中心主義であるとする批判に対して）なるほどファルスはファルス機能、つまり主体を分断し、そうすることによって発話をする存在を創造するものを示す隠喩として使われているし、それを表わしてはいるのだが、どちらの性も象徴界にいる結果、何かを欠くことになるし、欠いているのはペニスではないのだから、こうした批判はとうてい正しいとはいえない。ファルス機能は、男女両方の側に現れるのである。

（ライト、前掲書）

そう、ラカンの所説をヴァイニンガーのように、男性が本質的存在であり、女性が皮相的存在である、という「差別発言」と誤解してはならない。むしろラカンに従うなら、男女はともに身体性においては「ペニスの欠如」という不完全さを免れることはできない存在だ（男子が「去勢」をへて人間になる過程を思いだそう）。

男も女も不完全な存在である点においてはなんら変わらない。ただ、不完全さの構造が違っているだけだ。精神分析におけるジェンダーとは、こうした構造の違いを指し示す言葉なのである。

それが構造の違いである以上、男と女という単純な二元論ではすまされない。多様なジェンダー・マイノリティを理解するためにも、こうした構造的な理解は欠かせないからだ。僕がこの所説にあらたに付け加えたのは、この構造の違いに「所有原理」と「関係原理」という、比較的わかりやすい名前を与えたことくらいだ。

たったこれだけの手続きでも、日常における「ジェンダー」の、いろんなことがみえやすくなったのではないか。そう個人的には自負しているが、どんなものだろうか。

ポストモダンと呼ばれる現代にあっても、僕たちは決して「ジェンダー」を免れない。自分が男か女かという性自認の問題は、常に僕たちの存在の根本にある。

ジェンダーはいつでも、選択可能性や乗り越え可能性という誘惑をちらつかせている。しかし僕たちは、生活の至る所で繰り返し気付かされるはずだ。僕たちのジェンダー・アイデンティティは、いつでもすでに僕たちの中に、他者へと開かれた構造としてインストールされてしまっていることに。僕たちはいつでも、後からそれに気付くだろう。

もう「ジェンダー」はいらない？

実はここまでくれば、もうジェンダーにすら、こだわる必要はないのかもしれない。

僕がこの本で言いたかったこと。それは、人間の欲望には「所有原理」と「関係原理」というふたつの形式がある、ということだった。もうわかっているとは思うけれど、このふたつの原理とジェンダーとの関係は、絶対的でも固定的なものでもない。

「セックス（生物としての性）」「ジェンダー」「欲望の原理」は、それぞれ別の階層に位置づけられる。通常これらはシンクロすることが多いが、その結びつきにしっかりした因果関係はない。それゆえ階層間の関係は、ときにとても流動的だ。

ただし流動的とはいえ、それは選択可能であることを意味しない。セックスもジェンダーも、そして「欲望」も、自由であって自由ではない。そのいずれもが主体に対して、常にすでに構成されたものとして立ちあらわれるものであるからだ。それはバトラーも言うように、「命令される」ものなのである（前掲『ジェンダー・トラブル』）。

もはやそこに、自由意志の働く余地はほとんどない。選択の自由がありうるとしたら、それは未来に向けた潜在的自由ではなく、事後的に自らの欲望を、そしてジェンダーを主張する自由、ということになる。

だから所有原理を主張する女性がいてもいいし、関係原理にこだわる男性がいてもいい。僕の知る限りでは、ゲイの欲望には、しばしば所有原理と関係原理が共存しているように思う。実は、この二大原理を踏まえて欲望を考えることは、男と女という単純すぎる二項対立から離れて、ゲイやレズビアン、性同一性障害など、多様なセクシュアル・マイノリティの欲望について考察をすすめるための準備運動でもあるのだ。

「所有」と「関係」も二項対立じゃないかって？　もう一度言うけれど、僕はジェンダーを「男と女」以上の多様なものとしてとらえたい。ジェンダーは、決して二項対立として理解されるべきではない。この多様なジェンダーに切り込んでいくさいに、「所有」と「関係」という、通常は対立しやすい二大エレメントを座標軸として利用するのは、けっこうシンプルでスマートな解法なのではないかと考えている。

もっと言えば、多様な「ジェンダー」をとらえるうえで、「脳」を利用しようとすると、かえって厄介なことになる。ちょっと想像してみればわかることだ。「男脳」や「女脳」のほかに、無数の「マイノリティ脳」を追加していくような手続きは、単に煩雑で見苦しくはないだろうか？　鳴り物入りで喧伝《けんでん》されたあの「ゲイ遺伝子」の発見が、とんだガセだったことは記憶に新しい。そんな「ジェンダーの博物学」を、僕たちは一九世紀の昔に卒業したはずではなかったか？

個人の欲望が、「所有」と「関係」という両極の間のどこかに位置づけられるということ。もちろんその個人が、複数の欲望の形式を持っていてもいい。ただ一般には、生物としての男は所有原理で活動し、同様に女は関係原理で動く、という傾向があるだけの話だ。繰り返すが、そこになにか決定的な違いがあるというわけではない。

ならばもうジェンダーを、男と女という素朴な枠組みで考えることもないだろう。世界にはただ、「所有者」と「関係者」だけがいる。そういう見方はどうだろうか。どちらの原理が欠けてしまっても、この世界は失調をきたしてしまうだろう。

圧倒的なまでに「所有者」が支配するこの「世界」の中で、いかにして「関係者」の存在を認識していくか。これはジェンダー・センシティブであろうとする態度から導かれた、もうひとつの問いかけなのである。

もしこの問いについて真摯《しんし》に答えようとするなら、「所有者」と「関係者」は、もう少し互いに理解し合い、あるいは寛容になれるのかもしれない。だから僕はこの本を、自己啓発かライフハック（仕事術・生活術）本みたいにまとめてもよかった。男性には「関係原理」の、女性には「所有原理」の理解を促すことで相互理解を深めましょう、そうすれば恋愛とか婚活とか、なにかとスムーズになりますよ、というわけだ。というか、もちろん当初はそういう意図もあった。

しかし実のところ、他人に提言とかするには、僕にはまだわからないことが多すぎるのだ。ここまでの分析とさしあたりの結論について、僕はもちろん自信を持ってはいる。しかし本当は、いちばん肝心なことがまだわかっていないのだ。

そもそも「所有」とは何か？　あるいは「関係」とはどういうことか？

僕にはそれがまだよくわからない。とりわけ「関係」については、それでまた一冊の本を書きながら徹底的に考え抜いてはみたものの（前掲『関係の化学としての文学』）、やっぱりまだよくわからない。もし答えを知っている人がいたら、教えて欲しいくらいだ。

精神分析は、新たな問いを見出すための道具でもある。僕はかつてそう書いた。ジェンダーの精神分析を通じて、僕は解かれるべきあらたな問いに辿り着いた。それが「所有と関係の謎」である。本書に価値があるとすれば、それはジェンダーの問題の、少なくともその一部を、別の謎に変換し得たこと、それにつきると自負している。

なぜなら、もしあなたがこの謎を解きたければ、もはや概念操作だけでは不可能であるからだ。そう、そのためには、実際に「所有」し「関係」すること以外に解法はない。そこに生ずる違和感だけが、あなたをジェンダーという「内なる他者」へと導くだろう。

本書がもし、そうした誘惑としての作用をあなたに及ぼすことができたなら、それは願ってもないことだ。なぜなら「誘惑」とは、「所有」と「関係」の双方に開かれた、いわばジェンダーを横断してゆくようなパフォーマンスなのだから。

おわりに

この本の企画は、実に四年前にさかのぼる。

かねてから依頼されていた新書の書き下ろしについて、ふと男女論で展開してみてはどうかと思いついたのが二〇〇五年四月のことだった。当時僕の企画を担当していた講談社の本橋浩子さんが、それは面白いとすぐOKしてくれたのはいいものの、多忙な診療と先約のあった他の著書などにかまけているうちに、ずいぶん時間が経ってしまった。

本書はジェンダーについて正面から扱ったという意味では、僕にとってははじめての試みである。それゆえ、まずは「ジェンダーと私」といった話からはじめてみよう。

一九九〇年代半ば、商業誌に文章を書くようになってまもなく、面白い誤解を受けたことがある。編集者が言うには、どうやら僕の名前をみて女性と勘違いした方が何人かおられたらしく(たしかに「環」は女に多い名前だ)、さる大家など「この新人フェミニストは誰?」みたいな勘違いをしていたという。

名前のせいとはいえ、文章にあまり「男臭さ」がなかった傍証としても、僕はこのエピソードをたいへん名誉なことと考えている。この名をつけてくれた亡き祖父に感謝したい。なにしろそのおかげもあって、僕はこれまで、幾度となくフェミニズム寄りの立場から発言したり、文章を書いたりする機会に恵まれたのだから。

なかでも思い出深いのは、「日本初のテクスチュアル・ハラスメント裁判」として知られる小谷真理氏の名誉毀損裁判に関わった経験だ。有名な話なので、ご存じの方も多いことだろう。

そもそもの発端は、一九九七年に出版された『オルタカルチャー日本版』（メディアワークス）に収録されている文章で、評論家の山形浩生氏が、小谷氏の著作をパートナーの巽孝之氏が代筆していると断定的に記述したことだった。裁判に踏み切った小谷氏からの依頼で、僕は陳述書の作成に関わった。裁判は二〇〇一年に勝訴が決まったが、この一件以来、僕の「なんとなくフェミ寄り」の立場は定まったように思う。なお、当の陳述書の全文は、まだネット上で読むことができる（http://enjoy.pial.jp/~fdi/saito_tamaki.html）。

もう一つは、上野千鶴子氏との関わりである。上野氏とは、ひきこもりを巡る対談が初対面だったが、以来ほかの場所での対談や会合などで多くの接点があり、僕の何冊かの著書にもかなり好意的な評を寄せていただいている。もっとも、本文中にも書いたように『戦闘美少女の精神分析』などは、かなり手厳しく批判されもした。ラカン理論のファロセントリズム（男根中心主義）はたしかにその通りだ。しかし本文にも書いたようなわけで、僕は精神分析が、女性の抑圧よりも解放のほうに役に立つ、と今も確信している。

もっとも直接にフェミニズムに接近した経験と言えば、二〇〇六年に双風舎から出版された『バックラッシュ！』という本に依頼を受けて参加したことだ。僕はもちろんバックラッシュ批判の立場から、かなり論争的な文章を書いた。本書の第一章は、この文章やほかの執筆者の文章を参照しつつ書かれたものだ。

このほかにも、フェミニズム周辺の問題に関わった経験は何度かある。本書は、僕がこれまで、そういう機会に書いたり考えたりしてきたアイディアの集大成でもある。

しめくくりに、本書の完成に直接間接にご協力いただいた方々に感謝を捧げたい。

桐野夏生さんに。桐野さんには最初の対談で「女は関係性を、男は所有を求める」という話題にいたく共感していただき、最新作『ＩＮ』（集英社、二〇〇九年）を含め、いろいろな場所で引用していただいた。このほか小説家では赤坂真理さん、金原ひとみさん、川上未映子さんにも、対談や作品を通じて数多くのヒントをいただいた。記して感謝したい。

妻・高野美恵子に。本書にも二度ほど「登場」してもらったが、「関係原理」の具体的な細部にまつわる多くのアイディアは彼女の貢献が大きい。

最後に、本書の編集を担当してくれた本橋浩子さんと田中浩史さんに。本橋さんには本書の基本的アイディアを強力に支持していただき、書き続ける勇気につながった。担当を途中から引き継いでもらった田中さんには、とにかく「お待たせしました」と言うほかはない。出版の予告まで打っていただきながら、さらに大幅に脱稿が遅れてしまった。それでも文句一つ言わずに頻回のファミレス缶詰めや打ち合わせに奔走していただき、おかげで何とか納得のゆく内容にまとまった。本当に、お疲れ様でした。

二〇〇九年九月一日　市川市行徳にて

斎藤環

主要参考文献（五十音順）

・アラン・ピーズ、バーバラ・ピーズ、藤井留美訳『話を聞かない男、地図が読めない女 男脳・女脳が「謎」を解く』主婦の友社、二〇〇〇年
・アンドレア・ドウォーキン、寺沢みづほ訳『インターコース 性的行為の政治学』青土社、一九九〇年
・伊藤整『女性に関する十二章』中央公論社、一九五四年
・上野千鶴子、宮台真司、小谷真理ほか『バックラッシュ！ なぜジェンダーフリーは叩かれたのか？』双風舎、二〇〇六年
・卯月妙子『実録企画モノ』太田出版、二〇〇〇年
・NHKスペシャル取材班『だから、男と女はすれ違う 最新科学が解き明かす「性」の謎』ダイヤモンド社、二〇〇九年
・エリザベス・ライト、椎名美智訳『ラカンとポストフェミニズム』岩波書店、二〇〇五年
・エリザベート・バダンテール、鈴木晶訳『プラス・ラブ 母性本能という神話の終焉』サンリオ、一九八一年
・オットー・ヴァイニンガー、竹内章訳『性と性格』村松書館、一九八〇年
・笠原嘉『青年期 精神病理学から』中公新書、一九七七年
・カトリーヌ・ヴィダル、ドロテ・ブノワ＝ブロウエズ、金子ゆき子訳『脳と性と能力』集英社新書、二〇〇七年
・金原ひとみ『AMEBIC』集英社、二〇〇五年
・香山リカ『いまどきの「常識」』岩波新書、二〇〇五年
・川上未映子『乳と卵』文藝春秋、二〇〇八年
・キャサリン・A・マッキノン、奥田暁子ほか訳『フェミニズムと表現の自由』明石書店、一九九三年
・キャロリーヌ・エリアシェフ、ナタリー・エニック、夏目幸子訳『だから母と娘はむずかしい』白水社、二〇〇五年
・桐野夏生『グロテスク』文藝春秋、二〇〇三年
・クリスティアーヌ・オリヴィエ、大谷尚文ほか訳『母と娘の精神分析 イヴの娘たち』法政大学出版局、二〇〇三年
・小島アジコ『となりの801ちゃん』宙出版、二〇〇六年
・小林聡幸「精神障害の性差分布」『精神科治療学』15巻9号、二〇〇〇年

・斎藤環『社会的ひきこもり　終わらない思春期』PHP新書、一九九八年
・斎藤環『家族の痕跡　いちばん最後に残るもの』筑摩書房、二〇〇六年
・斎藤環『戦闘美少女の精神分析』ちくま文庫、二〇〇六年
・斎藤環『母は娘の人生を支配する　なぜ「母殺し」は難しいのか』NHKブックス、二〇〇八年
・斎藤環『関係の化学としての文学』新潮社、二〇〇九年
・サイモン・バロン＝コーエン、三宅真砂子訳『共感する女脳、システム化する男脳』NHK出版、二〇〇五年
・ジークムント・フロイト「性欲論三篇」『フロイト著作集五』人文書院、一九六九年
・ジークムント・フロイト「エディプス・コンプレクスの消滅」『フロイト著作集六』人文書院、一九七〇年
・シモーヌ・ド・ボーヴォワール、生島遼一訳『第二の性』新潮文庫、一九八六年
・ジャック・ラカン『セミネールXX　アンコール』スイユ社（邦訳は未刊）
・ジュディス・バトラー、竹村和子訳『ジェンダー・トラブル　フェミニズムとアイデンティティの攪乱』青土社、一九九九年
・スラヴォイ・ジジェク、松浦俊輔ほか訳『快楽の転移』青土社、一九九六年
・高石浩一『母を支える娘たち　ナルシシズムとマゾヒズムの対象支配』日本評論社、一九九七年
・俵万智『チョコレート革命』河出文庫、二〇〇〇年
・中上健次『紀州　木の国・根の国物語』角川文庫、一九八〇年
・中島沙帆子『電脳やおい少女』竹書房、二〇〇二年〜
・野火ノビタ『大人は判ってくれない　野火ノビタ批評集成』日本評論社、二〇〇三年
・萩尾望都『イグアナの娘』小学館、一九九四年
・ハリエット・レーナー、高石恭子訳『女性が母親になるとき　あなたの人生を子どもがどう変えるか』誠信書房、二〇〇一年
・堀あきこ『欲望のコード　マンガにみるセクシュアリティの男女差』臨川書店、二〇〇九年
・山田昌弘、白河桃子『「婚活」時代』ディスカヴァー携書、二〇〇八年
・ヨーゼフ・ブロイアー、ジークムント・フロイト、金関猛訳『ヒステリー研究』ちくま学芸文庫、二〇〇四年

N.D.C.146　254p　18cm
ISBN978-4-06-288008-4

講談社現代新書　2008
関係《かんけい》する女《おんな》 所有《しょゆう》する男《おとこ》
二〇〇九年九月二〇日第一刷発行　二〇二三年六月二三日第六刷発行
著者　斎藤《さいとう》 環《たまき》

発行者　鈴木章一
発行所　株式会社講談社
東京都文京区音羽二丁目一二—二一　郵便番号一一二—八〇〇一
電話　〇三—五三九五—三五二一　編集（現代新書）
〇三—五三九五—四四一五　販売
〇三—五三九五—三六一五　業務
装幀者　中島英樹
印刷所　株式会社ＫＰＳプロダクツ
製本所　株式会社ＫＰＳプロダクツ
定価はカバーに表示してあります　Printed in Japan

「講談社現代新書」の刊行にあたって

教養は万人が身をもって養い創造すべきものであって、一部の専門家の占有物として、ただ一方的に人々の手もとに配布され伝達されうるものではありません。

しかし、不幸にしてわが国の現状では、教養の重要な養いとなるべき書物は、ほとんど講壇からの天下りや単なる解説に終始し、知識技術を真剣に希求する青少年・学生・一般民衆の根本的な疑問や興味は、けっして十分に答えられ、解きほぐされ、手引きされることがありません。万人の内奥から発した真正の教養への芽ばえが、こうして放置され、むなしく滅びさる運命にゆだねられているのです。

このことは、中・高校だけで教育をおわる人々の成長をはばんでいるだけでなく、大学に進んだり、インテリと目されたりする人々の精神力の健康さえもむしばみ、わが国の文化の実質をまことに脆弱なものにしています。単なる博識以上の根強い思索力・判断力、および確かな技術にささえられた教養を必要とする日本の将来にとって、これは真剣に憂慮されなければならない事態であるといわなければなりません。

わたしたちの「講談社現代新書」は、この事態の克服を意図して計画されたものです。これによってわたしたちは、講壇からの天下りでもなく、単なる解説書でもない、もっぱら万人の魂に生ずる初発的かつ根本的な問題をとらえ、掘り起こし、手引きし、しかも最新の知識への展望を万人に確立させる書物を、新しく世の中に送り出したいと念願しています。

わたしたちは、創業以来民衆を対象とする啓蒙の仕事に専心してきた講談社にとって、これこそもっともふさわしい課題であり、伝統ある出版社としての義務でもあると考えているのです。

一九六四年四月　野間省一